CB003728

Paz interior para mulheres
muito ocupadas

Joan Borysenko, Ph.D.

Paz interior para mulheres muito ocupadas

Tradução de
ANGELA MACHADO

CIP-Brasil. Catalogação-na-fonte
Sindicato Nacional dos Editores de Livros, RJ.

Borysenko, Joan, 1945-
B748p Paz interior para mulheres muito ocupadas / Joan Borysenko; tradução Angela Machado. – Rio de Janeiro: Nova Era, 2006.

Tradução de: Inner Peace for Busy Women
ISBN 85-7701-066-X

1. Paz de espírito. 2. Mulheres – Psicologia. I. Título.

06-0001 CDD – 158.1082
CDU – 159.923-055.2

Título original norte-americano
INNER PEACE FOR BUSY WOMEN

Inicialmente publicado em 2003 por Hay House, Inc., na Califórnia, Estados Unidos.

Projeto gráfico de miolo: Tatiana Lapenne e Julio Lapenne (Avatar Design)

Impresso no Brasil

ISBN 85-7701-066-X

PEDIDOS PELO REEMBOLSO POSTAL
Caixa Postal 23.052
Rio de Janeiro, RJ – 20922-970

PARA JANET QUINN.

Sou uma Mulher muito agradecida a esta minha Amiga.

Sumário

Prefácio

SOU UMA MULHER QUE FALA A VERDADE

O perigo dos livros sobre auto-ajuda é que eles podem fazê-la se sentir mal consigo mesma. Você escolhe um livro de auto-ajuda do Dr. Perfeito, ou melhor ainda, da Dra. Eu-Era-Confusa-Mas-Agora-Estou-Ótima achando que: *se ela conseguiu, por que eu não conseguiria? Eu sou a única que tem fantasias de fugir e desistir de tudo?*

Se existe uma coisa que eu sei com certeza é que uma vida muito ocupada é difícil. Apesar dos nossos melhores esforços para ter sucesso em nossas carreiras, criar uma família feliz, desfrutar de uma vida espiritual e deixar a nossa marca no mundo, várias mulheres muito ocupadas carregam uma culpa não admitida dentro de si mesmas. Isto é um fato reconhecido, mesmo sendo nós (e também as nossas filhas) as gerações *Baby Boomers*, das quais era esperado que finalmente conseguíssemos administrar tudo. Mesmo para aquelas mulheres que têm dois ou três empregos para sustentar os filhos e conseguem sobreviver, um livro como este possivelmente não conseguirá lidar com toda a complexidade de suas vidas.

Quando decidi começar a escrever, resolvi soltar meu coração e deixá-lo livre. O resultado foi o poema a seguir. Eu o enviei para a lista de assinantes do meu jornal mensal *on-line*[1] e senti que realmente tinha atingido um ponto importante. Uma mulher o enviou para seus filhos já adultos e imprimiu uma cópia para uma filha mais jovem. "Foi assim que aconteceu comigo", disse ela em suas cartas. "Talvez vocês possam compreender melhor as minhas escolhas e o quanto elas custaram."

Se você é uma mulher jovem que acabou de ingressar como noviça no malabarismo da Família/Trabalho/Vida Interior, talvez tenha lido aquele best seller sobre o que esperar deste tipo de vida antes de ter mergulhado de cabeça. O poema que irá ler é sobre o que esperar à medida que os anos vão passando, a menos que comece a olhar para dentro de si mesma em busca do seu equilíbrio. Porém, mesmo quando a vida fica mais dura, a parte difícil é a

base a partir da qual a sua sabedoria finalmente crescerá. Este poema é para você, com a esperança de que você um dia escreva sobre um equilíbrio mais encantador para as suas filhas.

Sou uma Mulher Que Fala a Verdade

Os filhos estão grandes agora e já se mudaram
para as suas casas.
Mas a Nossa Senhora da Culpa Eterna ainda continua comigo,
uma hóspede não convidada
que não tem a sensibilidade de
empacotar suas coisas e ir embora.

Encontre um marido rico, ensinou minha mãe que
vivia trancada em casa.
Você tem o que precisa. É bonita e esperta.
Mas não, eu quis ter uma vida diferente,
uma vida liberada para um novo tipo de mulher.
Liberada não para ser como mamãe com um avental
da década de 1950
virando as páginas cheias de farinha do livro de receitas.

"Até mesmo uma refeição diária fica especial com biscoitos feitos em casa", diz o livro.

Mamãe fazia biscoitos maravilhosos e
um bolo de chocolate imperdível
enquanto a sua vida se estagnava e ela
engolia esses pequenos conselhos maternos
que impediam que a culpa
de sonhos desfeitos e filhos ingratos
explodisse como uma granada em seu coração.

Como ela podia desejar aquilo para mim?
Eu queria mais. Eu queria tudo.
Uma carreira brilhante numa área fascinante,
um marido amoroso com quem tivesse aquele
Sexo Maravilhoso perpétuo,
filhos com dons musicais,
que resolvessem equações
e falassem francês fluentemente
que cresceriam para colar grau em
astrofísica ou para se tornarem
reconhecidos neurocirurgiões.

Uma chance para salvar a Terra,
ao mesmo tempo que atingia a iluminação
nesta vida enquanto cozinhava
refeições premiadas a partir do nada,
amolasse as facas e praticasse ioga,
decorando a minha Casa dos Sonhos excêntrica,
e assegurando a paz mundial.

A realidade era um pouco diferente.
Os filhos não se importavam com "tempo de qualidade".
Eles queriam somente um tempo.
Qualquer momento. Ou período.
Eles ficavam felizes com
um quarto cheio de brinquedos
com uma manhã me vendo ler o jornal
usando uma camisola manchada de ovo.
Gritavam como se estivessem sendo abduzidos por alienígenas
quando eu os deixava na Detestada Creche,
agarrando-se desesperadamente às minhas pernas
e implorando por misericórdia,
lágrimas grossas e mornas escorrendo
pelas bochechas angelicais.

Enquanto meu coração partia, eu rezava para que a
moça ajudasse na educação e para que a capacidade de
recuperação deles fosse rápida.
Eu sentia dores no peito, tensão muscular e culpa.
A minha meia-calça ficava marcada
com aquelas pequenas marcas grudentas
de bananas amassadas que decoram as roupas
que tantas mulheres liberadas
guardam para ir trabalhar.

Prometi fazer melhor. Eu conseguiria dormir um pouco.
Digamos, talvez, no próximo século.
Meu marido sugeriu que talvez o sexo fosse bom.
Claro, preciso somente de uns minutinhos para terminar aqui.
Repasso a lista mentalmente. Colocar as crianças na cama.
Ouvir suas queixas, encorajar seus sonhos.
Ler histórias enriquecedoras.
Ensinar meditação para eles. Rezar.
Cantar uma canção de ninar.
Coçar as costas de Andrei até ele pegar no sono.
Separar as roupas para botar na máquina.
Limpar o banheiro antes
que a Vigilância Sanitária chegue.

Varrer os pêlos do gato do chão da lavanderia. NOVAMENTE.
Gato danado! Rezar para uma ave noturna
dar um vôo rasante durante a noite
e jantar o animalzinho de estimação.
Parar. Isso definitivamente não é bom.
Anotar. Escovar o gato amanhã. Comprar remédio para queda de
pêlo. Marcar encontro sobre os exercícios físicos.

Telefonar para mamãe AGORA. Telefonar para mamãe ONTEM!
Ela começa a conversa com uma longa pausa.
Que dura anos. "Ah! É você?
Pensei que tivesse morrido."
"Talvez seja a única forma de conseguir descansar
por aqui", devolvo.
Aparentemente não agradei. Ela deve ter pensado
que eu estava descansando em um
SPA, e não telefonei antes
porque estava comendo uvas,
fazendo uma sessão de massagem e esperando que
as unhas secassem.

Hora de ir para a cama agora.
Coloco o despertador para as 5 horas em ponto.
Preciso estar bem acordada antes das crianças levantarem.

Preciso ficar em forma para que
o meu marido me ache atraente.
Se ele conseguir me encontrar.
Está dormindo agora, graças a Deus.
Pelo menos isso adia o Problema do Sexo para a noite que vem.
A manhã passa rápido. Corro três milhas antes de amanhecer,
acordo as crianças, dou a elas o café da manhã,
faço o lanche com alimentos orgânicos,
o que as faz uivar indignadas.
Imploram pelos Twinkies *que os amigos levam.*
Aqueles cujas Mães Sábias sabem mais do que
fazer pão integral e pesado com farinha
de soja e germe de trigo.
E elas estão prontas para enfrentar a Creche.
A mãe será capaz de deixá-las e sair
enquanto estão distraídas?
Ponto para ela.
Ou será uma outra manhã com elas agarradas às
suas pernas, uivando de cortar o coração?
São dois pontos para a Nossa Senhora da Culpa Perpétua,
um composto pesado de criticismo real e imaginado
de todas as mães perfeitas que já existiram.

Ela logo faz pontos suficientes
de modo que eu decido que precisamos contratar
uma babá nem que eu tenha que vender lápis nos sinais
para conseguir financiá-la.

A provável babá com o caro
Curso para Desenvolvimento Infantil de Harvard
cujos honorários são praticamente maiores do que os meus
se mostra possivelmente uma loucura e
precisa de um sério reajuste.
Todas as noites, quando volto do trabalho,
tenho que fazer no mínimo
30 minutos de psicoterapia intensiva
para evitar que ela revele o seu potencial
latente como convidada num programa de baixarias na TV.
Pergunto-me quem trabalha para quem.
Quero despedi-la, mas ela é melhor do que a Creche. Não é?
Fico aliviada quando ela se despede, mas choro de
qualquer maneira.

Falto ao trabalho para ir ao jogo de futebol, e a peças na escola,
recitais de saxofone e campeonatos de luta,
e reuniões no colégio e consultas médicas.

A folga é um tempo roubado
que retorna com juros de agiota.
Pago por essas horas suando a camisa,
trabalhando para compensar até a meia-noite,
ou nos fins de semana,
aqueles Dias Especiais para Repousar
quando você tem que adiantar as tarefas da semana,
limpar, cozinhar e sair com as crianças.

Os fins de semana são preenchidos com momentos preciosos
de joelhos limpando as bolas de poeira
que abrigam gerações de ninhos de aranha. A maior parte
deste trabalho das mulheres nunca é visto e nem reconhecido.
"Você é viciada em trabalhar ou algo parecido?"
grita o meu marido enquanto saboreia
uma cerveja vestido com o seu conjunto da Speedo
reclinado sobre a sua coleção de bonsais.
Flashes *de um homicídio, ou pelo menos uma visão*
dele vestido com um uniforme francês de empregado,
servindo um patrão obssessivo-compulsivo
com bigodes engomados e barba em ponta,
e uma longa lista passa pelo meu coração
anteriormente compassivo.
Respiro fundo e sorrio: "Não, somente uma mãe diligente."

Ninguém me disse que seria assim.
Ninguém sabia. Ou então somente poucos.
Porque ninguém admitiria.
Isso é politicamente incorreto.
Somos liberadas e amorosas, não somos?
Os gurus continuam a falar de viver uma
Vida Equilibrada e saudável.
Acho que isso significa não deixar que todo o
Castelo de Cartas desmonte e caia a seus pés.
Embora, em uma emergência, desmaiar em ação
permite um pequeno intervalo.
Enquanto isso, a vida continua e você faz o melhor que pode.

Quando eu trabalhava tanto quanto o Dr. Ciência, quando
os meninos eram pequenos, eu era somente mais uma
médica com ovários. Que tinha TPM
e que engravidava de vez em quando.
Mas isso era invisível ou pelo menos além do alcance comum.
Que era Fazer Ciência, Conseguir a Consignação, Competir,
Aumentar o Laboratório, Conquistar Campo,
Brilhar nos Encontros Anuais,
Ensinar aos Alunos de Medicina
e fazer a minha parte com outros

compromissos organizados excitantes,
como o comitê da biblioteca, do qual
me disse um belo professor e patrono
com uma gravata azul e um sorriso tímido,
porém lascivo, eu era o Membro Mais Decorativo.

Voltei ao trabalho seis dias após o meu primogênito, Justin, nascer.
Não podia mostrar uma fraqueza e nem pedir favores.
Eles me classificariam como de Segunda Classe,
um elemento menor.
E definitivamente não foi para isso que eu
dediquei seis anos de graduação e
pós-graduação para me formar.
Minha mãe contratou uma babá para cuidar de Justin
durante o primeiro mês.
Senti como se o estivesse dando para adoção.
A Babá Perfeita mal me deixava pegar o bebê
quando eu chegava em casa.
Eu poderia perturbá-lo. Amamentar?
Ridículo! Eu trabalhava fora.
Ele tomava mamadeira, selando a minha inutilidade materna.
Eu não conhecia nada melhor. Não conhecia nenhuma outra
mulher que tivesse agido assim.

No laboratório, eu me refugiei na sala de revelação
para fazer umas cópias
e chorar na privacidade daquela noite
úmida e cheirando a produtos químicos.

O "Amigo" de Justin, o ursinho que ele
levava para todos os lugares,
foi levado para o lixo pela determinação
férrea de um posicionamento materno,
alimentada após ele ter dado banho nele em seu
banheiro e depois rompido
em lágrimas porque o Seu Amado Amigo
ficou molhado e com mau cheiro.
Não estava lá para protegê-lo quando o
lixo foi recolhido.
O primeiro dente de leite de Andrei caiu em um tapete alheio.
Acho que o cachorro da babá o engoliu.
O que requereu anos de terapia para que eles
resolvessem o problema.
O olhar que recebi das Mães Verdadeiras,
do tipo que ficam em casa,
quando fui ao futebol após
tirar meio dia de folga azedaria qualquer pote de leite.

Nossa Senhora da Culpa Perpétua murmuraria
detrás das cortinas de gaze da consciência:
"Quem você pensa que é para mudar um sistema
que tem funcionado desde o alvorecer dos tempos?
Eva e a maçã nada são se comparadas a você,
Arruinadora de Filhos e Destruidora da Raça Humana."
Nas reuniões de escola eu esperava um batalhão de incêndio.
Minhas ofensas formavam uma lista.
As habilidades de vocabulário de Andrei eram deficientes.
Talvez por causa de pouco exercício com jogos educativos.

Justin está matando aula. Será que ele está
fumando escondido, bebendo cerveja,
ou se divertindo atrás dos arbustos?
Já chegou a hora daquela Conversa sobre Sexo?
Será que os meninos fizeram
uma festa no porão
contrataram uma garota de programa?
Oh, Deus. O que posso fazer?

Estou com 50 e alguns anos. Mais ou menos.
Continuamos vivos, e tenho material suficiente
para um show de variedades.

As crianças cresceram, eu me separei do meu marido,
a quem uma suculenta namorada enfatizava "O Ex-Marido".
É difícil manter acesa a chama do amor quando
não há ninguém em casa para cuidar dela.

Até hoje tenho sonhos ocasionais com o
Ex-Marido e eu ainda jovens,
passeando de mãos dadas
em direção ao horizonte distante
cheios de doces possibilidades.
Porém, mesmo no mundo dos sonhos
não vejo a realidade final.
Nós, que crescemos juntos,
não envelheceremos juntos.
Nos separamos. A nossa família
engrossa a estatística pós-moderna.
"Não esperei que fosse terminar assim", digo para ele,
e levanto deixando o meu travesseiro molhado de lágrimas.

Em algum momento ao longo do caminho,
os negócios viraram um meio de vida.
E no final tornaram-se um anteparo que
evitou que um oceano de culpa
me engolfasse e me varresse do caminho.

De alguma maneira estou mais ocupada do que antes,
restando somente eu e três cachorros para cuidar.
Além disso, eu recebo Ajuda.
Finalmente tenho dinheiro para ser
a Esposa que toda mulher sonha ser.
Mas parece que o mundo embarcou em uma
Velocidade Enlouquecida,
e a esposa ideal não consegue
controlar as marés.
Minha caixa de mensagens está abarrotada com conselhos
sobre como conseguir fazer um caixa extra
enquanto passo o aspirador, cuido da pele,
aumento o meu "pênis" e aprendo italiano.
Tudo ao mesmo tempo.
O "pênis" maior parece interessante,
porém não para esta vida.
Descartarei também as outras ofertas. Não há tempo.
Não sei como consegui durante Os Anos como Mãe.
Parece que agora levo quase o dia inteiro
para escovar os dentes.

E como as crianças se viraram?
São belos rapazes, e tenho orgulho deles.
Têm um vigor invejável, e alguns ferimentos, mas não mortais.

Têm alegrias e tristezas, mas quem não as tem?
Sabem que são amados, e têm idade suficiente para
apreciar como eu mantive tudo junto e
ganhei a vida para isso.
Têm idade suficiente para dizer obrigado e de modo sincero.
Me fazem chorar e tremer de encanto.
Tudo valeu o esforço; eu os amo de modo feroz.
Os rapazes são o trabalho mais importante que realizei.

Agora eles se perguntam como viverão e serão pais.
Não querem participar da Creche.
Querem participar na criação dos filhos.
Mas se deparam com as Grandes Escolhas.
Comprar uma casa e pagar o financiamento?
Ter dois empregos e convidar Nossa Senhora da
Culpa Perpétua para jantar?
Comprar um carro novo e pagar com o seu coração,
com seus ossos ou com o casamento?
Comprar os Brinquedos que Todos que se Prezam Têm
e pagá-los ficando acordado todo dia até as 3 da manhã?
Quanto será suficiente? O que é importante?
Como viveremos?

Têm idade suficiente para saber que
algumas escolhas são difíceis, embora corretas.
Algumas são erradas apesar das melhores intenções.
Talvez a coisa mais importante que aprenderam
vendo-me combater entre as escolhas
que suas avós nunca tiveram
é que o tempo é o presente mais precioso
que você pode dar para a sua família.

Minha geração de mulheres abriu caminho
na selva densa a golpes de facão.
O resultado pode não ter sido elegante,
mas criou luz suficiente
para que novas gerações de mulheres —
e nossos filhos — vissem o seu caminho.
O mundo é um fluxo contínuo em um cenário
suave e doloroso de se tornar novo.
Minha mãe está morta agora.
Eu já fui jovem e, revendo as fotos antigas,
a matriarca de um novo tipo
de família despontou, embora fraca.
Mas eu ainda não morri. Cuido dos meus filhos,
e espero ver os filhos dos meus filhos
reinventando o mundo.

Levará tempo, e precisará de mulheres
de corações fortes e mentes inabaláveis.
Enquanto isso, temos que aprender como
construir uma vida para nós mesmas,
e também como viver
em um mundo que nunca dorme.

Por isso decidi escrever este livro.
Não é auto-ajuda.
Se eu soubesse o segredo de como acabar com a
fome do tempo[2]
(as palavras mágicas que
fizessem Tudo Acontecer),
se eu soubesse o que
Ter Tudo realmente significa,
seria rica e famosa,
secando as unhas no SPA,
ou meditando na floresta
esperando pela iluminação.
Ainda não decidi qual a estrada que na verdade tomarei.
Provavelmente nenhuma, já que me queixo
sinceramente de ser
muito ocupada, escolhi esta vida
e continuo com essa escolha dia após dia.

Mas sei que terei uma escolha, algo
que as mulheres de gerações passadas não tiveram.
E é tão preciosa.
O Novo Mundo das Mulheres está acontecendo.
Não sei para onde irá, mas sei que
será bom chegar inteira.
Fazer isso significa permanecer intacta quando a
força centrífuga
de um mundo que gira tão rápido
ameaçar nos despedaçar.
Um braço aqui.
Uma perna ali.
Um coração sabe Deus onde.

É bom saber como voltar para casa,
para si mesma, após anos
de caminhar no deserto,
com sede e perdida.
É bom reconhecer como as mulheres fazem
trabalhos que não aparecem
bem mais vitais do que esfregar a pia do banheiro
enquanto colocam a meia-calça.

| Joan Borysenko, Ph.D. |

Tecemos a trama que mantém o mundo coeso.
E, se as mulheres se esquecerem de como fazer isso,
Tudo estará Perdido.
É isso que desejo partilhar com vocês nestas páginas.

Agradecimentos

Comecei a escrever um capítulo curto e entusiasmado de agradecimentos. Obviamente, não se trata de uma balada épica. À medida que pensava sobre as pessoas que tornaram este livro possível, a gratidão se transformou em uma meditação sobre como as mulheres se apoiavam por meio das nossas amizades. Como várias das minhas amigas são também colegas em diversas áreas, fazer uma lista destas credenciais duramente conquistadas faria este capítulo parecer uma placa na portaria de um edifício de consultórios médicos. Então, deixei de lado toda a linhagem profissional. Espero que as mulheres que foram afetadas por essa conclusão não se importem, pois sabem que eu as reconheço profissionalmente tanto quanto as aprecio em meu coração.

Por trás dos nossos títulos e descrição de habilidades profissionais, as mulheres formam uma teia invisível de amizade que mantém o mundo coeso. Apoiamos e sustentamos uma à outra ao dizer verdades e partilhar gargalhadas, respeitando as lágrimas e estando presente durante vários eventos, alegrias e tristezas da vida. Qualquer sabedoria que eu possa ter é principalmente um resultado dessa trama de apoio, honestidade, amor e cuidado.

Meus agradecimentos sinceros a todas as mulheres que participaram dos meus retiros e programas durante esses anos. Vocês acrescentaram muito à minha vida como irmãs na jornada, embora nossos caminhos tenham se cruzado só ligeiramente. Os esclarecimentos de várias colegas com quem tive o prazer de trabalhar em programas para mulheres reforçam estas páginas. Estas mulheres sábias incluem Elizabeth Lawrence, Janet Quinn, Loretta LaRoche, Joan Drescher, Jan Maier, Anne DiSarcina, Karen Drucker, Lili Fournier e Mary Manin Morrissey, para citar somente algumas. Existem várias outras, e vocês sabem quem são.

A sabedoria eloqüente de Janet Quinn sobre as épocas de transição, como viver "no momento entre o não dá mais e ainda não chegou" e como se entregar à incerteza das épocas do "não sei" me ajudaram a sobreviver nas fases de demandas. O seu amor e a sua sabedoria trouxeram informações para a minha vida e também para o meu trabalho. Não consigo imaginar a vida sem ela.

O poema no prefácio, "Sou uma Mulher Que Fala a Verdade", foi inspirado no livro de Janet, *I Am a Woman Finding My Voice: Celebrating the Extraordinary Blessings of Being a Woman.*

Grande parte do toque suave e da profunda honestidade de Loretta LaRoche permeiam este livro — inclusive o pensamento de que você viverá melhor se pensar no que gostaria de ter escrito em sua lápide, algo como "consegui fazer tudo, embora tenha acabado morta". "Sua Santidade, a Lama Alegria" é como chamo Loretta, e gosto de fazer tudo junto quando podemos, transformando o nosso trabalho em risadas e as risadas em nosso trabalho.

Elizabeth Lawrence e eu, nós duas mães de seis filhos ao todo, partilhamos a coragem das alegrias e desafios da vida por uns bons 20 anos, mantendo a todos de pé enquanto o mundo desmoronava. Beth aportou em um momento crucial, Deus a abençoe, e viajamos pelos mundos exterior e interior na companhia uma da outra. Ela é co-criadora (desde o fim da década de 1980) dos nossos retiros de Reunião de Mulheres — minha primeira incursão no mundo mágico das mulheres.

Luzie Mason e Kathleen Gilgannon, minhas companheiras do trabalho diário, me ajudaram durante a concretização deste livro e me apoiaram muito como amigas de verdade em todas as esferas da vida. Luzie me manteve organizada e consistente na tarefa. Ela é a minha embaixadora no mundo através do telefone e dos e-mails, encantando a todos que lidam com ela, mesmo que somente a distância. Kathleen me ensinou três lições quase que diariamente: (1) Mantenha a sua ligação com o lado espiritual; (2) siga a sua orientação interior; e (3) permaneça gentil consigo mesma, ainda que você tenha feito bobagens. Ela é também temerosamente divertida e faz pães espetaculares.

Brook Eddy é uma forte ligação com o mundo das mulheres jovens. Tem uma sabedoria bem além dos seus poucos anos, e agradeço muito a ela por sua perspectiva e lembretes constantes para buscar aquilo que realmente desejo. Chris Hibbard fez da minha família a família dela há muito tempo, e tem estado presente com seu amor e lealdade em todos os momentos. Há tanta coisa mais que poderia dizer a respeito do que aprendemos juntas, mas ela já sabe tudo. Andrea Cohen providenciou os adiamentos e os rituais, os risos e a sabedoria, a pesquisa e a parceria nos encontros e também e-mails incrivelmente divertidos que poderiam formar um livro só com eles. Minha amiga Sara Davidson emprestou seu sólido apoio e sua supervisão refinada a este livro, sem mencionar quando enfrentou as agruras do inverno e levou o jantar na montanha para a autora.

Existem várias outras mulheres neste complexo cuja amizade foi o alento durante a jornada. Entre elas está a minha grande amiga Celia Thaxter Hubbard, cuja generosidade de espírito me sustentou em cada nível durante vários anos. Cheryl Richardson, Mona Lisa Schulz, Robin Casarjian, Hong Leng Chiam, Oriah Mountain Dreamer, Rachel Naomi Remen, Christiane Northrup e Therese Schroeder-Sheker foram mulheres fortes que me inspiraram e que contribuíram muito para o mundo. Cada uma delas me lembrou nos momentos críticos que também tinha algo a dar. Sua inspiração, encorajamento, cura e apoio estiveram disponíveis nos momentos em que mais precisei deles. Foi algo divino. Um milagre. Tenho muita sorte, sou abençoada por ter todas vocês. Algumas vezes me pergunto o que fiz para merecer a sua bondade e os seus cuidados.

E para o meu amigo Adam Engle, obrigada por me encorajar a viver em equilíbrio mesmo quando o esforço monumental para escrever este livro quase me fazia comer as minhas palavras. Aos meus filhos, Justin e Andrei; e à minha filha do coração, Natalia, eu os amo muito. Vocês são o meu legado e a minha alegria. Agradeço por me permitirem partilhar algumas das nossas histórias de família. Espero ter feito justiça a elas.

A toda a equipe da Hay House, vocês são os meus heróis. Obrigada, mais uma vez, Reid Tracy por tornar possível para mim dizer "paz". A sua fé em mim teve um grande significado e o seu apoio me possibilitou seguir o espírito interior nesses vários anos. Louise Hay, você sempre será uma inspiração para todas nós, você é uma mulher bela, sábia e generosa. Agradecimentos a Jill Kramer, que tornou possível a edição deste manuscrito e de três outros; e a todo o departamento de design da Hay House.

E Ned Leavitt, você é um agente maravilhoso, uma bela alma e um amigo verdadeiro.

Finalmente, gostaria de agradecer o trabalho de várias escritoras mulheres que me influenciaram pessoalmente, e que ocasionalmente influenciaram também o estilo do texto. Pouco antes de começar a escrever, fiquei acordada até tarde andando, rindo e chorando enquanto lia o livro de Allison Pearson sobre uma mulher que tinha filhos e trabalhava fora, chamada *Não sei como ela consegue*. Vocês reconhecerão a sua influência no prefácio e também em uma frase ou duas, cujos créditos constam das Notas Finais. Uma das minhas escritoras favoritas é a minha amiga Oriah Mountain Dreamer, cujos livros deliciosos já citei. Elizabeth Berg, uma das primeiras escritoras que li que falou a verdade sobre as nossas vidas, inspirou o capítulo sobre voltar para nós mesmas. Vocês encontrarão referências a várias outras escritoras no texto. Espero que apreciem seus livros e também este.

E a Dan Goleman, meus agradecimentos pelo subtítulo. 

Introdução

QUANDO A MARÉ VIRA

O início da geração dos meus filhos cresceu encarando a família e o trabalho de uma maneira que várias mulheres da fase *Baby Boomers* como eu não pensava. As mães que trabalham são a maioria agora. Enquanto eu cresci, elas eram relativamente raras. A menos que você viesse de uma família pobre, onde as mulheres sempre trabalharam e lutaram para alimentar as famílias, havia uma boa chance da sua mãe trabalhar somente como dona de casa.

A minha mãe foi. Ela começava o dia fazendo um variado e nutritivo café da manhã para mim — pelo menos até surgirem as tortinhas prontas.

Minha mãe e eu tínhamos uma visão de mundo tão diferente quanto Marte e Vênus. A maré cultural estava virando — e de modo muito repentino. Um mundo novo de oportunidades de carreira estava despontando para as mulheres da minha geração. Podíamos fazer direito, medicina, comércio e obter graduação em várias disciplinas. Pedagogia e enfermagem, carreiras maravilhosas, não eram mais as únicas profissões abertas para nós. Parecia possível ter acesso a todas — trabalhar na profissão escolhida, ter uma família a quem você amava profundamente e cuidava muito bem, e possuir uma vida interior rica que lhe proporcionaria uma postura sólida em um mundo de incertezas.

Minha mãe não se sentia à vontade nas épocas de mudanças. Era uma piada na família que eu fora criada para crescer e me casar com um médico. Este era um padrão ideal para uma jovem do meu meio nascida na década de 1940. A vida independente a que eu aspirava, que incluía o aspecto profissional antes do casamento, soava estranha e assustadora para minha mãe. Ela sobrevivera à Grande Depressão. Lamentara a morte dos judeus no Holocausto. Vivenciara duas guerras mundiais, um anti-semitismo fanático, doenças em pessoas que lhe eram queridas e mortes convenientes e outras inoportunas. Como a maioria das mães, desejava uma vida melhor para sua filha. Isso incluía ser sustentada por um homem capaz para que eu não precisasse me preocupar em trabalhar ou em ter dinheiro.

Mamãe estava com 40 anos quando eu nasci. Na minha adolescência ela entrou em um estado de dizer Tudo-Que-Lhe-Vinha-à-Cabeça-sem-Pensar-Duas-Vezes. E ela não escolhia as palavras. Seu refrão constante durante os meus anos de universidade era: "Você é esperta demais. Os homens não gostam de mulheres espertas. O que você quer? Quer ser cientista? Não é uma boa escolha. Está optando por uma vida difícil. Case-se com um rapaz rico e viva bem!"

A sua voz era a da resistência social ao novo papel das mulheres, uma parede construída solidamente com as ferramentas das Coisas como Têm Sido nos Últimos Milhões de Anos. A minha geração teve que escalar com picareta essa parede. Se fosse difícil, como ainda é hoje, relutávamos em admitir ao ouvir um coro lamentando Nós Avisamos, O Lugar de uma Mulher É em Casa. Até bem recentemente, era politicamente incorreto mencionar que equilibrar trabalho e família, e separar um tempo para cuidar do seu espírito, era uma ordem superior. Somente agora, quando uma segunda geração de mulheres está escalando aquela parede, sentimo-nos seguras o suficiente para parar por um minuto e dizer: "Bem, é um caminho árduo de seguir. Algumas vezes ficamos cansadas, estressadas e perigamos fechar tudo e nos perdermos de nós mesmas. Mas, se partilharmos a verdade das nossas vidas, poderemos descobrir um caminho melhor. Aqui está o que aprendemos e que poderá tornar a escalada mais fácil para você."

As águas, quando a maré vira, ficam turbulentas e fortes. E no caso de uma revolução cultural que abarque o papel das mulheres, não podemos esperar águas tranqüilas no prazo de somente duas gerações. As mulheres da minha faixa de idade não se lembram de quando não podíamos votar ou usar anticoncepcionais. Talvez a geração de nossos bisnetos não consiga lembrar do telhado de vidro ou da "Era da Culpa e da Velocidade", que foi o que uma das escritoras mais vigorosas apregoou recentemente.

A maioria das mulheres casadas possui dois empregos de tempo integral: o seu trabalho fora de casa e o trabalho noturno, quando suprem as necessidades da família. O fato de a mulher casada normal que trabalha fora trabalhar três horas por dia em casa, enquanto seu marido dedica 17 minutos, é um aviso. O sentido crescente de ultraje ao serem espremidas em suas vidas próprias desencadeou uma epidemia de divórcios que está deixando como conseqüência milhões de crianças desconsoladas. Nos Estados Unidos, as mulheres iniciam dois terços do número total de divórcios. Como há um número recorde de trabalhadoras e uma independência financeira maior do que em qualquer outra época na história, elas podem desfazer um relacionamento que não querem mais. Muitos dos textos que estão neste livro questionam como podemos participar de relacionamentos que realmente nos realizem de modo que possamos ter uma oportunidade melhor de manter as nossas famílias unidas.

As mulheres querem coexistir em locais de trabalho que façam mais do que somente tolerá-las, e esperamos ter um casamento em que haja um companheirismo verdadeiro. Queremos ser apreciadas de modo que nos permitam vivenciar os nossos pontos fortes e a nossa inteligência como partes de um todo maior. A maneira intuitiva e de relacionamento das mulheres de conhecer e de trabalhar, embora diferente da maioria dos homens, pode ser um complemento maravilhoso. Na arena da família queremos fazer escolhas sem estigmas. Se escolhermos permanecer solteiras, ou viver com uma pessoa do mesmo sexo ou ter um relacionamento heterossexual, merecemos ser respeitadas. Queremos também ser respeitadas como mães solteiras e ter a oportunidade de trabalhar em empregos com horário flexível que nos auxiliem a manter nosso estilo de vida.

Mapas para a Viagem

A sabedoria das mulheres tem atravessado os tempos. Ao partilharmos estas histórias de nossas vidas entre nós, desenhamos mapas que detalham tanto os tesouros quanto as armadilhas, pavimentando a estrada para as gerações que virão. E deixamos estes mapas não somente para as nossas filhas, mas também para os

nossos filhos, que esperamos que sejam parceiros iguais na criação de um mundo onde possa haver paz dentro das famílias, paz entre as nações e uma oportunidade para que ambos os sexos tenham vidas equilibradas e amorosas com a proteção um do outro.

Uma manhã, quando meus filhos Justin e Andrei estavam com 20 e 16 anos, sentamo-nos juntos em volta da mesa da cozinha. Era uma mesa nova, revestida de carvalho, com veios claros e superfície bem lisa. A mesa antiga e arranhada com pernas torneadas, onde eles tinham comido mingau de aveia quando eram bebês, onde tinham deixado as marcas de seus dedos enquanto eu escrevia as conferências e revia os *slides* para as apresentações e onde tinham feito suas lições de casa e partilhado refeições intermináveis, tinha sido dada a um bazar. Com ela foram os remanescentes arqueológicos da infância deles; a marca em uma das pernas que Justin, com seis anos, fizera com a serra que ganhara de aniversário; as marcas dos dentes onde Max, o nosso rottweiler, roera com sofreguidão; os sedimentos grudentos deixados pelos resíduos de mais de 15 mil refeições (façam as contas) que tinham se transformado em pontos petrificados entre as fendas onde a mesa dobrava.

Foi o fim de uma era. A conversa que tivemos naquela manhã foi entre parceiros. Três adultos partilhando suas recordações de uma vida juntos que tinha passado tão rápida quanto uma chuva de fim de tarde. Vindo da universidade para passar o fim

de semana, Justin estava pensativo. Seu irmão mais moço, Andrei, no segundo ano do ensino médio, bebia cada palavra dele. Se houve algum dia dois irmãos que se amavam, estes dois poderiam ser o arquétipo disto. Mesmo em meus piores momentos, sentia-me feliz com esta ligação, e pensava que tinha feito pelo menos alguma coisa certa.

Sua infância fora difícil, disseram eles enquanto saboreavam um suco e o café. Como pais, teriam feito escolhas diferentes. Justin diz que sabe que eu precisava trabalhar, não somente pela necessidade econômica, mas também por mim mesma, para preencher um anseio criativo e tentar estabelecer uma diferença positiva no mundo. Respeitava isso, disse com uma voz suave. Ele me respeitava.

Aos 20 anos, o narcisismo obrigatório da infância tinha passado. Os véus tinham caído, e Justin não me via mais somente como um seio a ser sugado, mas como uma pessoa como ele. Isto era novo e ameaçador. Éramos dois então, e não uma unidade mãe-filho. Eu tinha nascido livre e diferente para este jovem. Em conseqüência da ligação dos dois irmãos, Andrei também me via com outros olhos, pelo menos naquele momento. Declaramos uma trégua temporária em meio ao turbilhão tempestuoso da adolescência, aquele momento em que ele saía do colo da mãe para ser ele mesmo.

Havia calma e paz na cozinha. Sem culpa, somente dois rapazes e sua mãe partilhando a verdade do fim da infância. "A creche é muito ruim para as crianças", disse Justin, ofuscado por lágrimas não derramadas manchando com uma névoa seus olhos de um verde sobrenatural. "O dia é muito comprido, e você anseia para voltar para casa, para seus pais, seus bichinhos de estimação, para cochilar na sua cama. É solitário, mesmo no meio de várias outras crianças. Não conheço ninguém que não a deteste."

Andrei concorda. Ele está quatro anos mais próximo da experiência e muito mais zangado com a creche e com a vida em geral. "Vovó Lilly ficou com você em casa", ele me lembra. "Você não sabe o que é ser deixado com pessoas estranhas todas as manhãs, se sentir mal sem ninguém para lhe consolar, pedir a eles para ligar para você ou para o papai e esperar mais de duas horas para alguém chegar e pegar você. Sei que você fez o melhor que pôde. Mas eu nunca vou colocar os meus filhos em uma creche. Não terei filhos até que a minha esposa ou eu possamos ficar com eles em casa."

Pergunto para mim mesma quando é que ele terá que engolir estas palavras. Uma onda de tristeza passa por mim quando reconheço claramente a diferença entre o futuro que ele imagina e as complexidades que a vida inevitavelmente trará. Olho dentro dos olhos ternos e azuis deste quase-homem.

"Sinto muito que as minhas escolhas tenham causado tanta dor a você. Realmente eu fiz o que pude."

A conversa continua. Quais são os pontos fortes que os meninos desenvolveram pelo fato de ambos os pais trabalharem? "Somos bons cozinheiros", disseram juntos. É verdade. Eu entrei em choque com as tarefas da cozinha três anos antes. Todas as noites, por anos a fio, ao chegar do trabalho eu ia para a cozinha montar um jantar sem lançar mão de hambúrgueres ou de comida congelada. Só alimentos saudáveis. Os meninos teriam preferido ir ao McDonald's, e uma noite eles me disseram isso. Enquanto ríamos nos lembrando da noite do "choque", saboreamos o conteúdo de nossas canecas e aplainamos as velhas lembranças. Foi mais ou menos assim:

"Boa noite. Sou sua mãe", eu disse. "Servirei o jantar a vocês como tenho feito desde que vocês nasceram."

Eles responderam: "Boa noite, somos seus filhos. Jantaremos esta noite como temos feito desde que nascemos. Detestamos essa comida. Não podemos comer como os nossos amigos? Queremos coca-cola e não um suco fresco de manga ou água mineral de fontes não poluídas da Tasmânia. E que tal uma pizza congelada? Com *pepperoni*, por favor. Estamos cansados destas monstruosidades."

"Muito bem", respondi. "Vamos deixar que o papai cozinhe, ou vocês mesmos." E assim foi daquela noite em diante. Passamos a dividir a tarefa ao meio. Na minha primeira noite de folga, levei um frango para os homens assarem e saí para uma caminhada noturna. Quando voltei, não havia nenhum cheiro de comida. Saindo do meu hábito, abri o forno. O fogo estava aceso, porém meu marido tinha colocado o frango na gaveta debaixo do forno. Pedimos uma pizza.

Os meninos compraram uma churrasqueira a gás, um instrumento atávico da época dos Grandes Caçadores. Nossa casa semi-vegetariana se transformou em uma churrascaria da Mongólia. Os meninos se transformaram em carnívoros insaciáveis após uma vida de privações. Visões de carcinogênicos pulando da grelha não lavada direto para seus pratos enchiam a minha mente. Mas era a vez deles. Mantive a boca fechada e as mãos atadas. A vida continuou. Em algum momento os filhos devem fazer suas próprias escolhas.

Cozinhar não foi o único ponto forte que os meninos desenvolveram ao crescer em uma família em que pai e mãe trabalham fora. Eles têm uma visão muito mais realista da vida do que eu e uma apreciação mais aguda das conseqüências das suas escolhas. Seu dinheiro ou a sua vida é muito mais do que somente um título para eles. É uma questão que eles combatem diariamente em uma sociedade selvagem de consumo. Quando se casarem, suas famílias enfrentarão os mesmos desafios para se manter equilibradas que a sua família de origem. Mas, graças a Deus, eles terão um senso melhor do terreno do que seus pais, e por isso a jornada deverá ser um pouco mais suave.

Este livro se destina a ser um companheiro para a sua jornada. Não é um livro de perguntas e respostas, estratégias para administrar o tempo ou práticas para orar em um minuto, embora certamente isto também o ajude a se manter à tona.

O ponto forte deste livro, espero, é duplo. Primeiro, ele destaca o que tantas mulheres muito ocupadas sentem: quando nos permitem saber o que sabemos e sentir aquilo que sentimos, é possível tomar fôlego. Estamos no nosso direito. Dizer a verdade sobre as nossas vidas pode parecer uma queixa, porém é bem mais do que isso. Quando a realidade é exposta, podemos liberar o nosso estresse. Então podemos fazer aquilo que as mulheres fazem tão bem: conversar entre si até que outras maneiras para criar um mundo novo emergem das cinzas do antigo. Isso é a essência da vida espiritual.

Segundo, espero que as minhas palavras toquem o seu coração, aquele centro da sabedoria e da compaixão que é crucial para a sua paz interior. Quando nos centramos ali, fica muito mais fácil

lidar com os aspectos práticos de uma vida muito ocupada. E você verá que eu falo com muita clareza sobre a natureza prática da vida. Uma vida interior forte é necessária para nos apoiar ao fazermos as mudanças necessárias para moldar vidas exteriores sustentáveis e autenticamente satisfatórias para nós mesmas, nossos filhos e para a comunidade global.

As mulheres tecem tramas invisíveis que mantêm o mundo coeso. Se a trama enfraquece, a oportunidade de sustentar o mundo nos momentos caóticos será perdida. Mas se enfrentarmos os desafios destas épocas de transição com honestidade, sinceridade e sabedoria prática, poderemos ajudar no nascimento de um mundo novo. Existe um antigo provérbio dos índios *cheyenne* que diz que uma nação está perdida quando os corações das mulheres estiverem partidos, não importam as armas que possuem ou se os guerreiros são fortes. Minha esperança é a de que seus corações se mantenham fortes e abertos, e que uma relação vibrante com o seu ser interior — e com as pessoas que a amam — forneça o alento para uma jornada excitante e significativa.

Uma nota prática: você verá que os capítulos deste livro são de três tipos. Alguns são histórias de mulher para mulher sobre a realidade das nossas vidas muito ocupadas; outros são sobre uma pesquisa interessante, e a terceira categoria introduz princípios

espirituais que focalizam aspectos diferentes da nossa vida interior. Espero que você os ache úteis, independentemente de a sua criação ser religiosa ou secular.

Junte-se a mim, e unidas descobriremos alguns caminhos para finalmente encontrar o equilíbrio, a integridade e a paz em nossas vidas.

Parte I

....

COLOCANDO A SUA VIDA MUITO OCUPADA SOB PERSPECTIVA

....

1

O SOFRIMENTO DO CHAMPANHE

Estava em uma conferência, na fila para me servir do bufê do almoço, com cerca de 600 outras mulheres numa manhã fria e clara de inverno em Rhode Island. A mulher atrás de mim na fila me perguntou: "Posso falar com você um minuto sobre a conferência que fez hoje de manhã?" Era uma mulher com feições calmas, na faixa dos 40 anos, que tinha alguns pensamentos importantes sobre mães que trabalham fora e o conceito de equilíbrio. Sentia-se claramente desconfortável, hesitando em colocar suas idéias para uma outra conhecida como especialista. Porém, aquilo que tinha para me dizer me lembrou de como sou realmente privilegiada simplesmente por ser capaz de pensar em termos de equilibrar trabalho, família e vida interior. Posso sofrer quando esse equilíbrio fica alterado, mas é o que o professor de budismo Sogyal Rinpoche chama de "sofrimento do champanhe".

"Vim aqui com um grupo de cerca de 30 amigas", disse a mulher na fila, hesitando um pouco. "Concordávamos com você até a parte sobre como a vida das mulheres mudou após a Segunda Guerra Mundial, quando elas começaram a trabalhar em um número maior. Bem, mães que trabalham fora não são um fato novo nesta comunidade. A maioria das minhas amigas e eu viemos de famílias em que as mulheres sempre trabalharam. Nossas mães, nossas avós — todas as mulheres — trabalharam para equilibrar o orçamento. Até as crianças trabalharam para ajudar a família assim que tinham idade suficiente para isso."

Um rubor revelador subiu pelo meu pescoço à medida que reconheci uma grande falha no meu pensamento. Lá estava eu falando de equilíbrio como se a mulher comum fosse privilegiada até para se preocupar se ela estava vivendo a sua vida ao máximo. Pensei nas gerações de mulheres americanas que tinham trabalhado em moinhos, fábricas e lojas que as exploravam; em fazendas e em quaisquer outros empregos que conseguiam encontrar. Estava discursando sobre o equilíbrio entre trabalho e vida pessoal quan-

do tantas mulheres, tanto do passado quanto do presente, tinham preocupações mais prementes do que os cuidados pessoais e a iluminação espiritual. Desejavam somente alimentar, vestir e educar seus filhos.

Um psicólogo atual, Abraham Maslow, pioneiro no campo do potencial humano, escreveu sobre o que chamou de "hierarquias das necessidades": se você está ocupada com a sobrevivência básica, como alimento e abrigo, as necessidades de ordem superior, como o equilíbrio, são muito menos prementes. Provavelmente nem aparecem na tela do seu radar. Realize o seu chamado mais profundo como ser humano, faça a sua doação ao mundo e a realização do seu potencial psicológico e espiritual virá após você ter pago as contas para manter um telhado sobre a sua família e alimentado seus estômagos.

A cada vez que vou à manicure, um ato definitivamente privilegiado, fico encantada com a mulher vietnamita que dirige o salão. São todas imigrantes — e a maioria trabalha de dez a doze horas por dia, seis dias por semana. Os domingos são dedicados a igreja, passeios e limpeza. As atividades de lazer são raras, e a própria idéia de que uma vida equilibrada deveria incluir um tempo para relaxar definitivamente não aparece no radar da sua Hierarquia de Necessidades Pessoais. A maioria delas deixa os filhos em casa com parentes imigrantes — mães e avós, tias e sogras. Uma família grande é uma bênção para estas mulheres, e algo essencial para elas enquanto encontram um lugar em uma nova cultura.

A dona do salão trabalhou durante a gravidez. Ficar curvada para fazer o trabalho de pedicure (e em especial aspirar acetona) é um trabalho desgastante mesmo quando não se está grávida. Mas ela permaneceu sempre alegre durante cada gravidez e voltou a trabalhar algumas semanas após cada cesariana. Sempre que eu lhe perguntava como estava e como conseguia cuidar dos pequenos e trabalhar tantas horas, a resposta vinha acompanhada de um sorriso sincero: "Estou cansada, mas sinto-me bem. Trabalhamos muito, nós mulheres, não é? Temos sorte em ter um emprego, sorte de poder trabalhar bastante. Podemos dar a nossos filhos uma vida boa, uma boa educação."

Em uma tarde cheia de compromissos, fui à manicure e pedicure. Tinha acabado de voltar de uma viagem de fim de semana e deveria ir para casa refazer a mala para uma outra viagem no dia seguinte. Sentia pena de mim mesma, ruminando pensamentos como *coitada de mim. Trabalho tanto. Talvez eu devesse diminuir o ritmo e aproveitar mais a vida.* Meus músculos estavam tensos, e eu sonhava com a aula de ioga a que não tinha tido tempo de ir. Mal-humorada e irritada, tentando realizar uma dúzia de objetivos da minha lista e conseguir fazer as unhas durante uma rápida passagem em casa, perdi completamente a perspectiva. Achei que a minha vida era dura demais.

A jovem mãe que me atendeu enquanto eu descansava em uma cadeira aquecida de massagem olhou para mim com olhos suaves cheios de admiração e surpresa. "Você tem muita sorte", disse sorrindo pela felicidade da minha vida aparentemente muito melhor do que a dela. "Sim, eu tenho", respondi, lembrando de repente como era verdade. Eu tinha bem mais do que as minhas necessidades básicas solicitavam. Podia alimentar e educar meus filhos. Sentia-me segura tanto quanto é possível em um mundo de incertezas. O trabalho que faço é fascinante e realizador. Tenho uma liberdade de escolha que a maioria das mulheres em nosso mundo não consegue.

Encontrar, nesta época de transição para as mulheres, um lugar onde podemos realmente equilibrar trabalho, família e um tempo para a nossa vida interior é uma situação privilegiada. Eu podia ser afegã, iraquiana, africana ou até uma avó americana do passado buscando comida para que meus netos tivessem uma chance para viver. Poderia ser uma mãe chinesa forçada a abortar um filho tão esperado. Poderia ser a minha própria mãe. Existe uma vida que não tenha os seus desafios? Posso sofrer algumas vezes, porém me sinto bem mais em paz quando me lembro que é o sofrimento do champanhe. A minha vida é realmente abençoada.

2

FAZENDO DA PAZ INTERIOR A SUA PRIORIDADE

Existe uma história que fala de um madeireiro que está exausto de trabalhar. Ele continua a cortar madeira furiosamente, e tem medo de parar por um só minuto que seja. Existem quotas a alcançar e uma família para alimentar com os frutos do seu trabalho. Um dia, um estranho chega e observa aquele homem frenético cortando madeira. Após alguns minutos, ele pergunta se pode ver o machado. O estranho percorre com o dedo o gume da lâmina cega e sorri gentilmente. "Se você parar por alguns minutos para afiar o seu machado", diz para o madeireiro, "o seu trabalho renderá bem mais e você trabalhará com mais facilidade, amigo."

"Não posso", respondeu o trabalhador, "não tenho tempo para isso."

Se você dedicar ao menos dez minutos por dia para fazer as práticas espirituais que aumentam a sua paz interior, o seu machado continuará afiado independentemente de todas as suas atividades. E então, você conseguirá realizar com muito mais eficiência e facilidade todas as suas outras prioridades, mesmo que essas lhe pareçam difíceis. Vi uma votação na revista *Real Simple* de 2002 que pedia que as mulheres escolhessem a sua prioridade. Quase 32% disseram que gostariam de se sentir mais centradas e ter mais tempo para dedicar ao lado espiritual da vida.

Sei que quando estou centrada e equilibrada no meu lado interno, as coisas do lado de fora fluem com mais facilidade. Sinto-me mais criativa, eficiente, tolerante, amorosa e livre. Meu senso de humor melhora, e eu sorrio mais. Sinto-me mais sensual e relaxada com o meu corpo. Minha saúde é melhor e os meus músculos relaxam. Pareço mais jovem, e de certa forma mais radiante. Até o tempo parece expandir. Realizo as tarefas melhor e com menos esforço. O meu machado está afiado.

Uma das maneiras para manter o meu equilíbrio interno é passar um tempo na natureza. Moro em uma cidade pequena, com

cerca de 200 pessoas, no alto das Montanhas Rochosas nos arredores de Boulder, Colorado. Fui para lá em parte porque a beleza natural da terra e do céu conseguem fazer a minha mente agitada parar de girar em torno de histórias de medo e preocupação sem fim e deixar que a paz interior chegue até mim.

Estava descendo pela estrada no fim de uma tarde de inverno com o sol incandescente logo acima da linha do horizonte. Em poucos minutos a luminosidade diminuiu, o sol beijou a terra com um belo raio rosado. As pedrinhas no chão de terra da estrada pareciam irradiar a gentileza daquele toque, lançando sombras alongadas que formavam pontos de alívio. Uma sensação de imensa maravilha acompanhou a transfiguração das pedras, revelada naquele momento de Presença do Agora. Lágrimas de admiração desceram pela minha face, e a minha mente agitada acalmou. Estava em paz, profundamente consciente da afinidade entre todas as coisas.

Naquele momento, estando presente e centrada, todos os conceitos de eu ou meu desvaneceram. Embora experimentasse o mais profundo sentido de voltar para casa, para mim mesma. Quando o diálogo interior auto-referenciado que existe quase que constantemente pára, a paz que está sempre presente dentro de você aparece. É a sua natureza real, sua por direito. Você fica feliz de estar onde se encontra, fazendo aquilo que deseja. A troca está

feita. O repouso é bem-vindo. Tudo o que acontecer estará correto. Tudo o que permanece é uma consciência suave e um coração aberto. A paz interior é experienciada naquilo que você tem de melhor e é o que torna a vida digna de ser vivida.

As práticas espirituais visam trazer você para a experiência do Agora — o seu ser centrado em si mesmo. Se a sua prática espiritual é começar o dia caminhando na natureza, orar, meditar, fazer ioga, *qui-gong* ou uma leitura que lhe inspire, fazer disso a sua prioridade a ajudará a permanecer equilibrada e relaxada independentemente de como seja o restante do dia.

3

. . . .

PEGANDO LEVE

A musicista Karen Drucker, uma amiga minha, fez uma bela canção para as mulheres. Chama-se *Lighten UP* (Carregando as baterias). Ela fala de caminhar pela rua sentindo-se bem quando tem um vislumbre do seu passado em uma janela. Ela começa a ficar estressada e aborrecida, até que uma voz interior a lembra: "Pega leve. Não leve tudo tão a sério. Pega leve. Confie no Mistério. Pega leve. Não importa. Aproveite a vida e simplifique o seu caminho".[1]

Simplificar o seu próprio caminho é uma outra maneira de dizer: "Encontre o seu centro e não resista, venha para o Agora."

Existem várias maneiras de se fazer isto. Você pode praticar a atenção plena, focalizar na gratidão, meditar ou sair para caminhar na natureza. Se tudo isso falhar, você poderá optar por fazer uma lobotomia. Mas aprender a deixar tudo mais ameno por meio do humor é o caminho mais agradável para mudar a sua mente, abrir o seu coração e voltar para si mesma quando um dia sobrecarregado levou a maior parte da sua energia. Em vez de lhe deixar se sentindo infeliz ao celebrar os seus pontos fracos, é uma atitude profunda de ajustamento.

O humor é uma forma de reestruturação cognitiva, um termo clínico para colocar os seus próprios pensamentos novamente sob controle antes que eles a deixem enlouquecida. Algumas piadas são engraçadas porque acionam alguma coisa em você. Elas a fazem pensar em uma direção e então lhe puxam para um ponto em que a sua mente jamais teria ido. Outras são divertidas porque formam situações que provocam ansiedade e que levam ao ridículo. Por exemplo, recentemente recebi um e-mail chamado "Por Que os Homens não Podem Cuidar das Crianças". Era uma coleção hilária de cenas que incluíam um bebê tomando banho em uma tina cheia de pratos sujos e um bebê bebendo água na vasilha do cachorro. As figuras eram tão engraçadas que nos faziam esquecer se os homens eram "boas" babás ou não. A simples visão das fotos foi suficiente para me deixar mais leve.

Conseguir se inspirar nos próprios problemas, sejam eles sobre trabalho, filhos, a sua vida amorosa ou a celulite nas suas coxas, é um bom começo. Uma amiga uma vez me enviou um artigo delicioso sobre como cantar sobre as suas próprias tristezas, o que é uma ótima maneira para minimizar e colocar os problemas sob outra perspectiva. Eu adaptei um pouco as instruções para os nossos propósitos.

O primeiro ponto a ser lembrado é que você precisa estar realmente se sentindo miserável para ter o direito de cantar as suas tristezas. Você não pode reclamar delas em um spa, no cabeleireiro ou em uma BMW. Lugares como uma cadeia, uma UTI ou um tribunal de execução são bem mais apropriados. Eu adicionaria os quartos de hotel à lista, se você estiver sozinha a negócios e desde que não seja o Ritz-Carlton ou o Four Seasons. Uma cozinha suja, reunião do comitê, avaliação anual, engarrafamento de trânsito, sites de encontros na Internet, audiência de divórcio e escritório do seu chefe também são bons lugares para cantar as suas tristezas.

Quando começo a ter pena de mim mesma, cantar as minhas tristezas pode fazer com que o diálogo interno pareça tão ridículo que me tira do "e se" ou do "quem sabe" e me traz de volta para o momento. O ideal será que a canção comece com uma frase positiva como "Hoje eu acordei..." É uma boa alternativa.

Mas então você tem que cair na real bem rápido: "Hoje eu acordei e as crianças estavam com catapora."

E depois, coloque lenha na fogueira: "Eu me atrasei para o trabalho e perdi o ônibus."

Não se preocupe em encontrar a rima certa. Simplesmente murmure as palavras enquanto você marca o ritmo, preferivelmente quando houver uma audiência. Balance as cadeiras, faça caretas e termine com um refrão chamativo como "sou uma mãe que trabalha fora e está colocando as suas tristezas para fora".

Talvez você tenha acabado de entrar em casa após um longo e duro dia de trabalho. A casa está tão revirada que parece que foi saqueada por bandidos. As crianças estão famintas e o gato está no canto da cozinha comendo o cereal que caiu da mesa no café da manhã e deixou manchas de leite no chão. Seu marido, que chegou antes de você, olha por cima do jornal só para perguntar o que vai ter no jantar.

A menos que você seja uma santa, ou tenha feito aquela lobotomia recentemente, provavelmente se sentirá ressentida e magoada. É um bom momento para considerar uma terapia ou para dar entrada nos papéis do divórcio. Mas, sem fazer nenhuma das duas, você começa a improvisar sobre toda aquela bagunça.

"Cheguei em casa do trabalho e a casa estava revirada. A geladeira estava vazia e eu não tinha dinheiro. Sou uma mãe que trabalha fora cantando sobre o que teremos para o jantar." Com um pouco de sorte, sua resposta mudará a energia do sistema familiar. Poderá surgir um frêmito de cooperação em uma atmosfera de espontaneidade e humor. Sua reação sincera aciona o melhor nas pessoas e elas poderão sentir a necessidade por trás do humor e se mover realmente para ajudar.

Cantar as tristezas no trabalho pode ser um pouco mais complicado. A menos que o seu chefe resolva dar um prêmio por uma inovação, criatividade e honestidade, talvez você deva dar o seu show em um dos reservados no banheiro das mulheres para uma audiência diminuta. Vamos supor que a sua idéia fabulosa para melhorar o fluxo de caixa tenha sido raptada pelo seu chefe, que pensou tanto sobre ela que acabou convencido de que a idéia foi dele. Ele acabou de anunciar o plano com grande orgulho no encontro da diretoria. Tente cantar algo como "tenho um ótimo emprego. Sou executiva. O ruim é que só eu sei disso. Sou uma mãe esperta, mas que tem o telhado de vidro". Quando o seu humor melhorar, lembrar o seu chefe que você foi a fonte iluminadora poderá ser feito com grande tato em um momento em que ele poderá ouvi-la.

A bênção em dissolver uma situação estressante por meio do humor é que ele cria um espaço entre você e as suas reações habituais. Desvia a energia de uma mente obsessiva para um coração

espaçoso, onde as boas escolhas poderão ser feitas com mais facilidade. Existe um pequeno livro excelente de David Marell chamado *Be Generous: 101 Meditations and Suggestions to Get You Through the Day (and Night)*. É uma coleção de pequenos poemas divertidos e inteligentes que ele compôs durante anos, sempre que se sentia frustrado ou furioso. O seu convite é sacudir a pessoa quando você precisar voltar ao seu centro. Como acontece quando você compõe uma canção, a atividade criativa a auxilia a sair de um pensamento obsessivo e voltar para o Agora.

Logo após ter lido o livro de David e me deliciado com os seus poemas, passei por alguns dias frustrantes. Meu computador novo emperrou de um modo dramático e perdi o trabalho de um dia inteiro de consultas por telefone e visitas à loja de atendimento até que a máquina com problemas recebesse um diagnóstico e ficasse para os devidos reparos. Felizmente eu tinha uma máquina extra (o *laptop* antigo que tinha sido substituído) e voltei para o trabalho. Meio dia depois ele também emperrou. O reparo do computador nº 2 consumiu um outro dia inteiro. Eu me vi diante da data de entrega do trabalho e sem um computador com o qual trabalhar. Tentei o conselho de David. Dez minutos escrevendo poesia foi mais divertido do que a semana inteira, e finalmente consegui pegar leve.

O computador está morto.
O computador está morto.
Ambos estão mortos.
Respire fundo.
Respire fundo novamente.
Eu também estarei morta algum dia.
Respire fundo outra vez.
Estou viva agora.
O sol ainda brilha.
E posso sair para passear.

Parte II

. . . .

LIBERDADE EMOCIONAL

. . . .

4

COLOCANDO LIMITES: SOBRE A IRMÃ CONFUSA E A FADA MADRINHA

Eu estava em uma conferência para mulheres fazendo a principal palestra da parte da manhã. Uma mulher que segurava um envelope de papel pardo se aproximou de mim após o término. Ela não precisou dizer o que ele continha. Sabia pela minha experiência que era o manuscrito de um livro. Recebo pelo menos uma dúzia de pedidos por mês para ler e endossar livros, o que por si só me manteria ocupada se não tivesse nada mais para fazer. O único problema seria que eu morreria de fome, pois ler estas obras é um trabalho de amor. Se eu não for seletiva, vou fazer o trabalho dos outros e deixar o meu de lado. O tempo para a família, amigos, exercícios, orações, diversão ou simplesmente para olhar para as paredes deixaria de existir. Não estaria fazendo um favor a uma pessoa, mas doando o meu sangue.

Embora tenha simpatizado de imediato com a mulher e seu manuscrito parecesse formidável, disse não. Tenho o prazo para o meu próprio livro se esgotando e não quero ultrapassá-lo. Não revisaria mais manuscritos antes de terminar o meu. Sua resposta foi ótima: "Está bem, você tem os seus limites, Joan. Bom trabalho!" E com isso partilhamos um abraço e um sorriso. Senti-me um pouco presunçosa pelo restante do dia. É difícil dizer não para os outros, e na maior parte da minha vida eu disse não para mim mesma. Uma das melhores coisas em amadurecer é que fica mais fácil dizer sim para si própria. Você começa a perceber que a energia é preciosa, o tempo limitado e você não conseguirá agradar a todos de forma alguma. Você pára de doar sangue indiscriminadamente e segue um esquema (exceto, naturalmente, nas emergências).

Os dois pontos mais importantes sobre desenvolver limites bem estabelecidos são que eles fazem crescer o respeito e focalizam a sua atenção naquilo que realmente importa. Se tiver problemas em estabelecê-los e cair na rotina de deixar que as necessidades das pessoas engulam as suas, isto é um sintoma de comportamento de baixa auto-estima. Você poderá encontrar as raízes do problema

por meio da terapia, mas o quanto isso é realmente importante? A menos que mude de comportamento, você poderá contar com o estilo tumular de Loretta LaRoche, que afirma: "Faça tudo para todos, mesmo assim você não se sentirá bem consigo mesma." Se você não se respeitar, ninguém mais o fará, e você continuará aumentando a sua ferida original cada vez mais.

Se a sua tendência é dizer sim para quase todas as pessoas que lhe pedem algo, dizer a elas que estará disponível um pouco depois criará um espaço para você agir de modo diferente. Pense em quais são as suas prioridades. Se disser sim, como essa decisão afetará aquelas prioridades? E de que modo afetará as suas emoções?

Quando era mais moça fiz um juramento sagrado de que nunca me tornaria uma mártir amarga como a minha mãe. Mas, com o passar dos anos, foi isso exatamente o que começou a acontecer. Fiquei cada vez mais magoada com as pessoas a quem não conseguia dizer não. O ressentimento me fez sentir egoísta e envergonhada. Não era o meu papel tornar a vida das outras pessoas melhor? Quando dizia não, me sentia culpada. Quando dizia sim, me sentia magoada. De repente compreendi o martírio da minha mãe e comecei a abrir o meu coração para ela. Com aquela compaixão, comecei também a abrir o meu coração para mim mesma e trabalhei o respeito próprio necessário para estabelecer os bons limites.

A culpa e o martírio são problemas comuns nas mulheres. Loretta LaRoche e eu iniciamos um pouco de terapia mútua e montamos um programa que chamamos de "Irmã Confusa e a Fada Madrinha". Encenando estes dois personagens, que quase toda mulher pode ouvir claramente dentro da sua cabeça, identificamos um padrão de limites errados, baixa auto-estima, martírio e cuidado tóxico com a vida. Há muita verdade no adágio que diz que você ensina aquilo que está tentando aprender.

A Fada Madrinha é a voz interior que lhe diz para se dar para salvar os outros. Ela é a figura infantil para os limites errados. Em nosso programa eu faço o papel de Fada Madrinha completa, com a varinha mágica que pode fazer qualquer coisa para todos ficarem bem. Com uma capa branca e tiara de cristal de rocha imitando diamantes, sou boa demais até para ser verdade, uma mártir do auto-sacrifício vestida de Deusa. Sempre me coloco em último lugar esticando o meu pescoço como se tivesse acabado de ser sugada por um vampiro. Represento também os sentimentos e comportamentos da fantasia do controle que acha que sabe tudo o que as pessoas precisam e que somente ela tem o poder de proporcionar. Infelizmente não vejo este comportamento como um ato de roubar das pessoas o seu próprio destino e livre-arbítrio. Acho que sou uma santa. Loretta me chama de Sua Santidade.

Por baixo da aparência do doce auto-sacrifício se esconde a Irmã Confusa, a gêmea má da Fada Madrinha. Ela é representada por Loretta, que veste uma saia curta de couro preto e botas de aparência gasta. A Irmã Confusa é uma meretriz metida que pergunta: "Se aproveitando de mim, sua sugadora de sangue?" O ressentimento corrói o coração da Irmã Confusa e ela se afasta de todos a quem tenta muito amar. E então se sente culpada, o que transmuta diretamente em uma auto-incriminação dura e críticas a qualquer pessoa que cruze o seu caminho quando está com uma disposição hostil. A voz interior que sempre lhe diz que poderia ter feito melhor é a dela. É a mesma voz que se lamenta e se queixa, culpando a todos pela própria exaustão. Quando está bastante mal, a Irmã Confusa desaparece e surge a Fada Madrinha, que se arrepende com a falsa doçura do doar e fazer. E a dança continua. A Irmã Confusa e a Fada Madrinha estão unidas pelos quadris.

Cathi Hanauer editou um livro chamado *Mulheres em fúria.* A obra surgiu da sua própria experiência no momento em que a voz da Irmã Confusa rugia alto em seus ouvidos se queixando das suas inadequações domésticas que a faziam se sentir magoada e exaurida.

Hanauer inicia o livro com a citação de um ensaio de Virginia Woolf chamado *Professions for Women.* Nele, Woolf introduz a sua famosa expressão *The Angel in the House* (o Anjo da Casa). Aque-

le Anjo que se sacrifica lembra muito a Fada Madrinha. Woolf descreve uma figura do Anjo simpática e encantadora, adepta das artes da vida em família; sempre se senta onde tem uma corrente de ar e fica sempre com o pescoço da galinha para dar as partes melhores para os outros.

Um dos ensaios no livro de Hanauer chama-se *Attila the Honey I'm Home* (Átila, Querido, Estou em Casa), de Kristin van Ogtrop. Ela escreve:

- Mamãe é sempre rabugenta.
- Por que você está tão tensa?
- Você precisa relaxar.
- Não precisa gritar!
- Você é muito mesquinha para viver nesta casa, por isso quero que você volte a trabalhar pelo restante da sua vida![1]

Bem, temos aqui os limites. Além de manter a sua energia voltada para o que é importante, e lhe proporcionando tempo e espaço para si mesma, os bons limites evitam a separação entre luz e sombra. Sempre que pensar nestes pares de opostos como a Irmã Confusa e a Fada Madrinha ou o Anjo/Meretriz da Casa, nenhum deles retrata o seu ser verdadeiro. A compaixão autêntica surge não por realizar os desejos das outras pessoas enquanto você se senta fervendo de raiva no lado do vento, mas naquilo que você precisa fazer para se manter centrada. Somente estando centrada você conseguirá ver a diferença entre a compaixão do cuidado verdadeiro e o controle temeroso da co-dependência. É isso que precisamos ensinar às nossas filhas. Mas, primeiro, temos que aprender nós mesmas.

5

A ESSÊNCIA DA CORAGEM

Caí de amores pelo trabalho de Pema Chödrön, uma professora budista norte-americana, quando li *Os lugares que nos assustam*. Em uma frase nesse livro ela resume a coragem para enfrentar as suas emoções: "A essência da coragem é não se decepcionar consigo mesma."

Temos aqui uma história de bravura. Estávamos sentadas em torno de uma mesa em um restaurante chinês — três mulheres inteligentes inclinadas para o centro para ouvir umas as outras, tentando não perder nenhuma palavra de uma conversa animada. Annie tinha terminado com um casamento de quatro anos há apenas um mês. Tinha olheiras e parecia triste. Ainda mais triste era o esforço que fazia para parecer que estava em seu estado normal, alegre. A mim me parecia como se ela tivesse sido jogada em um rio com blocos de cimento atados aos seus tornozelos. Cada pensamento, cada respiração era pesada com a luta para se manter à tona. O corpo de Annie estava ali na mesa, mas a sua mente e as suas emoções pairavam a milhas de distância.

O terceiro membro do grupo era Marcy, que é do tipo direto e restaurador. Ela se esticou sobre a mesa e envolveu o rosto de Annie gentilmente com suas mãos, ajeitando um cacho de cabelo louro atrás da sua orelha. "Ei, querida", disse com voz suave e terna, "você não me parece nada bem. Tenho andado preocupada com você. Como está se sentindo? Quero dizer, de verdade."

A represa se rompeu e a história de Annie jorrou com as palavras formando torrentes poderosas de raiva, mágoa e tristeza. Erik, o marido de Annie, que era um professor de inglês de maneiras suaves, se mostrara um viciado em sexo. Meu coração se partiu por ela, e me perguntei há quanto tempo ela convivia com aquela história e qual o preço emocional que tinha sido exigido dela. Perguntei quando esta vida secreta de Erik tinha vindo à tona.

Annie abaixou a cabeça e chorou um pouquinho antes de levantar os olhos e dizer: "Suspeito que existia até antes de nos casarmos", murmurou em voz baixa. "Mas eu não queria ver as evidências. Esperava estar errada, ou que quando nos casássemos tudo ficaria bem. Mas não ficou. Quando eu saía da cidade a trabalho, era difícil encontrar o Erik. Quase nunca estava em casa quando eu telefonava à noite e o seu celular ficava sempre desligado. Ele dizia que tinha ido até a biblioteca, ou que fora chamado para um encontro, ou que estava visitando os amigos, ou que estava escrevendo no seu lugar usual na Barton's Books, ou dando uma volta no meio da noite. Quantas desculpas conseguiu inventar? E eu fingi acreditar em todas. *Queria* acreditar em todas elas. Ficava aliviada até mesmo quando a história era pouco plausível."

Annie tinha aceitado uma situação terrível utilizando uma defesa emocional chamada negação. E a negação nem sempre é algo negativo. Um psiquiatra famoso escreveu uma vez que, sem ela, não conseguiríamos levantar da cama de manhã. Ela nos ajuda a enfrentar as incertezas da vida e as preocupações menores para que não fiquemos sempre obcecados. Mas quando nos colocamos em perigo ao recusar a reconhecer aquilo que estamos vendo, então a negação se transforma de uma forma suave de autoproteção para uma porta aberta para a autodestruição.

Embora Annie soubesse o que estava acontecendo com o seu marido, ela escolheu fingir que não sabia para que pudesse manter a ilusão de uma vida feliz. Os custos emocional e físico foram exorbitantes. Parecia ter envelhecido dez anos nos quatro que tinha

permanecido casada com Erik. E, por trás da calma exterior que aparentava para o mundo, a raiva e o medo pressionavam como um gêiser pronto a explodir. Como não conseguia encarar de modo direto estas emoções, elas se expressavam em dores de cabeça e pressão elevada, tensão muscular e insônia.

Sem reprimir nada, Marcy mergulhou direto em seus próprios sentimentos. "Aquele homem! Aquele rato! Você deve estar furiosa com ele, querida. E deve ter agüentado tudo isso por um bom tempo. Como conseguiu lidar com toda essa raiva? Se eu estivesse no seu lugar, bastava a minha aura para pôr fogo na casa."

Annie riu. "Que raiva, Marcy? Assim que eu aceitava as suas desculpas, tudo desaparecia."

"E para onde você acha que ela foi?" perguntou Marcy saboreando o seu chá de jasmim.

Annie pensou por uns minutos e depois balançou a cabeça. "Realmente, não sei. Parece inacreditável que eu tenha me adaptado e me sentido calma na maior parte do tempo. Mas suponho, para ser honesta, que voltei isso contra mim mesma."

"E como foi isso, querida? Qual foi a história que você contou para si mesma?" Marcy perguntou cobrindo ambas as mãos de Annie com as suas.

"Ainda estou contando, amiga. Aqui vai ela." Annie lançou uma nova apresentação da sua história de modo bem destacado,

marcando cada ponto no ar com o dedo indicador, como itens de uma lista.

"Eu sou uma idiota, uma idiota co-dependente. Em primeiro lugar, nunca deveria ter me casado com Erik. Sou teimosa, e me recusei a admitir aquilo que sabia. Voltei as costas a mim mesma. Traí a mim mesma. Durante todo o tempo amei um fantasma. Sou um exemplo clássico da pessoa que se desculpa. Passei anos freqüentando o Al-Anon quando tinha vinte e poucos anos lidando com o fato de o meu pai ser um alcoólatra. Sei tudo sobre os viciados. E sei que a co-dependência é o tipo mais perigoso de vício. Então, sou um caso irremediável, um fracasso do Al-Anon. Não posso confiar em mim mesma. E, se não posso confiar em mim mesma, nunca poderei ter um relacionamento saudável. Nunca conseguirei amar."

Marcy balançou a cabeça e quebrou a tensão soltando um risinho. "Pare de se aterrorizar, rainha do drama. Você acha que foi a única a cometer um erro? Acho que o maior problema está na maneira com que se culpa. Está correta com o que faz com a sua raiva — você a vira contra você mesma, e sem nenhuma piedade. Você acha que consegue dar um passo à frente ao soltar a sua história e sendo um pouco gentil com você?"

Eu as observei naquelas tentativas e senti que Annie estava realmente participando, absorvendo cada palavra.

Marcy prosseguiu: "A única verdade agora é o que você está sentindo. Pare por um momento e sintonize com este sentimento. O que ele é? Como ele reverbera em você?"

Após um momento, Annie respondeu: "Sinto-me muito triste. Existe um caroço na minha garganta e meu coração dói. É quase como se eu quisesse desistir de tudo."

Marcy não tentou confortar Annie, alegrá-la, fazer uma piada ou até segurar sua mão. "Simplesmente respire e permaneça com esses sentimentos. Dê a eles atenção total momento após momento. Entregue-se ao que é verdade para você, querida. É tudo no que você pode confiar agora."

Ficamos sentadas à volta da mesa, nós três, mantendo um silêncio profundo e reflexivo. Após alguns minutos, o rosto de Annie começou a suavizar. Sua respiração ficou um pouco mais profunda. Começou a relaxar e depois abriu os olhos.

Marcy pegou a mão dela e sorriu fixando os olhos de Annie molhados pelas lágrimas. "Você é uma mulher que está se sentindo triste. É somente isto. Não resista e nem tente sufocá-la. Pode simplesmente deixá-la aí? Se ceder algum espaço para a tristeza, ela entrará e doerá por um tempo, mas depois passará novamente. Não ficará para sempre, Annie. E não a sufocará se conseguir sustentar o sentimento em vez de entrar nessas histórias de ser irremediável e incorrigível. Haverá um tempo para a reflexão e

para a cura mais tarde. Mas não agora, querida. Agora é o momento de ser gentil consigo mesma. É o momento de soltar a história de como foi má para você e que não pode confiar em si mesma. A confiança crescerá à medida que estiver presente para os seus sentimentos, que é a única maneira de ser honesta consigo. É o antídoto para a negação. Enquanto isso", acrescentou ela com um brilho no olhar, "nenhum homem. Fique presa em casa!"

Marcy estava ensinando Annie a como ser amiga de si mesma, como ouvir e ceder espaço sem resistir à verdade do momento. A agenda de Annie tinha sido diferente. Pensava que talvez pudesse aprender a amar e respeitar a si mesma em algum momento depois, quando compreendesse todos os padrões que a tinham levado a escolher um parceiro inadequado. O respeito próprio teria que esperar até que ela tivesse uma garantia sólida de que nunca cometeria um erro no amor novamente. Mas o autorespeito é algo que você pode experimentar somente no agora. Ele cresce além do seu alcance para estar presente aqui, para dar coragem e sem autodecepções.

A coragem para permanecer no presente para aquilo que lhe é verdadeiro emocionalmente lhe traz a informação de que precisa para fazer as mudanças em sua vida. Essa é a função das emoções. O terapeuta de família John Bradshaw as chama de "e-moção", a energia em movimento. Elas se destinam a fazê-la caminhar para a frente e fornecem o apoio que a mantém no curso. Sentir o que você sente e saber o que você sabe é uma maneira de permanecer no Agora. É o único modo de ouvir a sabedoria do seu coração e sentir a paz que está sempre presente sob as águas turbulentas das suas emoções complicadas.

6

CONSIDERANDO AS OCUPAÇÕES

Um dia eu estava dando um workshop para um grupo de mulheres bem-sucedidas no ramo dos cuidados com a saúde. Aquelas médicas, enfermeiras, terapeutas e administradoras eram algumas das mulheres mais ocupadas no planeta, várias com as pesadas responsabilidades de vida e morte. Era o terceiro dia da conferência sobre a saúde da mulher, e afinal estávamos focalizando a nossa saúde. A conversa tinha se voltado para como poderíamos cuidar de nós mesmas enquanto estamos tão ocupadas cuidando de outras pessoas, tanto no trabalho quanto em casa.

Intelectualmente, estávamos todas no mesmo plano. Quase todas as mulheres compreendem a metáfora do avião da necessidade de colocar primeiro a sua máscara de oxigênio antes de ajudar os outros que podem depender do seu cuidado. Mas compreender a metáfora emocionalmente — sentindo-a dentro de si onde reside a sabedoria — é uma outra experiência.

Pedi ao grupo que fechasse os olhos e prestasse atenção somente à sensação da sua ocupação e não nas histórias decorrentes dela. Talvez você também deseje fazer o exercício com você (veja o próximo parágrafo), ou melhor ainda, com uma amiga ou duas. Faça uma pausa a cada parada para que possam vivenciar as respostas inteiramente. Não existe experiência certa ou errada. Uma conscientização gentil, honesta e aberta dos seus sentimentos é o único objetivo.

> Pense num dia típico de trabalho... Que horas são?... O que você está fazendo?... Está no trabalho?... Em casa?... Quem está aí?... O que você está dizendo para si mesma?... Agora solte todas as histórias que estão na sua mente...volte a sua atenção para o seu corpo... o que está sentindo?... Onde sente?... Está excitada ou energizada?... Existem borboletas no seu estômago?... Rigidez no peito?... Está em paz?... Está tensa?... Continue até onde as

> sensações a levam. Não tente soltá-las ou modificá-las... Simplesmente observe o que está sentindo sem julgar se é bom ou mau... A única coisa que importa é a sua vontade de permanecer consciente e presente nos seus sentimentos.

Após termos terminado o exercício, as mulheres sentaram-se em grupos de três e partilharam suas experiências, como Annie, Marcy e eu tínhamos feito no restaurante chinês. As fachadas do poder — médicas contra enfermeiras, cirurgiãs contra médicas da família, administradoras contra equipes de apoio se evaporaram como o orvalho da manhã. Havia somente mulheres falando verdades sobre suas vidas, vindo para o momento presente e ouvindo como as ocupações eram sentidas por dentro.

Os sentimentos mais comuns que as ocupações evocaram foram ansiedade, medo, tristeza, mágoa, solidão e raiva. Houve muitas lágrimas, abraços e sons murmurados de conforto e compreensão enquanto as mulheres externavam os seus sentimentos. Você pode falar sobre as suas ocupações e permanecer no campo mental, ou pode se desviar para o coração e sentir a realidade emocional delas no seu corpo. Quando deseja fazer isto, abre-se um espaço para que as emoções façam o seu trabalho de informar, energizar e motivar você para viver a sua vida sintonizada com o que é mais importante para você como um ser humano compassivo e sensível.

A triste ironia do exercício foi que várias mulheres compreenderam que elas se mantinham ainda mais ocupadas do que nunca para se distraírem com o fazer constante, evitando que as emoções desagradáveis surgissem. Quando a vida chega ao ponto em que você prefere um vácuo a sentir o vazio ou a solidão interior, este é o momento de aprofundar a ligação com a sua sabedoria interna. Para isso é preciso coragem. Você poderá precisar de um trabalho de cura ou fazer escolhas difíceis. Ouvir a você mesma — criando um espaço para ouvir a voz do coração — e permanecer presente naquilo que é verdadeiro, com uma ternura profunda, é uma habilidade indispensável para a paz interior.

Dez minutos de quietude meditativa pela manhã, um pouco de tempo dedicado ao seu diário ou uma caminhada silenciosa de vinte minutos são ocasiões para se ouvir. Se der somente um pequeno passo em direção à quietude do Ser, a energia emocional que você descobrirá ali poderá começar a trabalhar para construir a paz e ser um emissário da sabedoria.

7

MULHERES E ESTRESSE: COMO CUIDAMOS E AUXILIAMOS

Fiz algumas amizades duradouras no banheiro feminino durante as conferências. As filas eram compridas, as diferenças sociais irrelevantes (afinal, tínhamos todas a mesma missão) e o tempo temporariamente disponível. As mulheres conseguem estabelecer um elo quase que de modo instantâneo em qualquer lugar, basta haver uma oportunidade. No banheiro de uma conferência, podemos trocar idéias discutindo sobre a palestra da manhã, depois dar um pequeno salto para considerar a largura da cintura da calça e dali para dizer com honestidade o que está acontecendo em nossas vidas. Uma vez testemunhei uma mulher que se separara recentemente ser consolada, aconselhada e receber o nome de um advogado para o divórcio, por pessoas desconhecidas na hora do intervalo para o café.

Quanto mais estressadas as mulheres se sentem, um tipo de histeria desorientada, mais rapidamente os elos são criados. Pergunte a qualquer mulher se ela notou que os homens agem de modo diferente e receberá um olhar de incredulidade. Nós notamos? Como você pode deixar de perceber que os homens tendem a se isolar quando estão sob estresse e se recolhem em si mesmos? Mas os cientistas estão somente começando a notar o óbvio.

Uma notícia recente sobre diferenças entre os sexos e o estresse foi aplaudida como uma descoberta científica e também detonou a correspondência das mulheres pela Internet. O pensamento científico é mais ou menos assim: mesmo os homens e as mulheres respondendo inicialmente a ameaças com reações físicas semelhantes — aumento do batimento cardíaco, da pressão sangüínea e tensão muscular — os homens utilizam a sua força física maior para lutar ou fugir, enquanto as respostas subseqüentes das mulheres estão em se unir e cuidar umas das outras. Afinal, se abandonássemos os nossos bebês e fugíssemos em resposta a um leão que estivesse à espreita, nossos filhos indefesos logo virariam uma refeição. E, se lutássemos e perdêssemos, eles ficariam sem as mães.

Faz sentido que a natureza tenha construído uma alternativa a lutar ou fugir para as mulheres.

Shelley Taylor, professora de psicologia da saúde que trabalha na UCLA, foi a primeira pesquisadora a questionar a crença de que homens e mulheres respondem ao estresse lutando ou fugindo. Taylor e suas colegas do sexo feminino receberam um "olhar de admiração" quando constataram que quase toda a pesquisa sobre estresse tinha sido realizada por pesquisadores do sexo masculino. E, por falar nisso, existe uma razão pragmática para utilizar ratos, camundongos e macacos machos e segundanistas da universidade na pesquisa biológica. As fêmeas passam por ciclos de reprodução e os níveis diferentes de hormônios tornam os dados difíceis de serem interpretados. Os machos possuem um perfil fisiológico mais estável, o que tornar os dados mais fáceis de serem analisados. Por isso, há anos os pesquisadores simplesmente assumiram que, se uma descoberta científica era verdadeira para os homens, ela se aplicava também para as mulheres. Até a primeira pesquisa sobre câncer de seio foi realizada em ratos machos.

Depois de dez anos, os pesquisadores reconheceram o óbvio: as mulheres são bem mais do que homens pequenos com seios e ovários. Nossas diferenças físicas vão além dos hormônios sexuais e afetam a maioria dos sistemas do corpo. Taylor e seu grupo de-

bateram sobre as possíveis diferenças entre os sexos na maneira como reagimos ao estresse. Começaram especulando como as ancestrais femininas devem ter se unido na savana quando os atacantes se aproximavam. Será que os machos afastavam os predadores de suas companheiras enquanto as mulheres confortavam e escondiam as crianças e depois se dispersavam na vegetação enquanto os homens lutavam? A resposta masculina de lutar ou fugir seria o complemento perfeito para a reação feminina de acalentar e amparar.

Acalentar é cuidar. Se uma mulher pode acalmar e aquietar bebês e crianças pequenas, isso torna possível uma retirada furtiva. Se você já leu algum relato das guerras dos nativos norte-americanos, a resposta de acalentar já existia — a resposta imediata das mulheres a um ataque era acalmar as crianças e ir para locais relativamente seguros. Um bebê chorando ou uma criança de colo nervosa poderia revelar a posição da tribo, o que significaria a morte de todos. Pelo consenso, embora soe cruel, os bebês que não conseguiam ser aquietados eram algumas vezes mortos para salvar o restante do povo.

Amparar é um complemento do acalentar. As mulheres que se amparam e se ajudam mutuamente por meio da amizade aumentam as taxas de sobrevivência, especialmente durante uma fuga ou quando os homens foram feridos ou estão mortos.

Mas, você se perguntará, o que tem tudo isso a ver com equilibrar trabalho e família? Em *The Tending Instinct: How Nurturing Is Essential to Who We Are and How We Live*, Taylor cita a pesquisa de uma outra psicóloga da UCLA, Rena Repetti. Repetti se interessa pela maneira como homens e mulheres lidam com o estresse enquanto lutam com as demandas duais da família e da carreira. Sua pesquisa envolve pedir a pais que trabalham fora — e a seus filhos — que preencham questionários sobre acontecimentos diários. Ela descobriu que mães e pais que passaram por dias estressantes no trabalho agiam de modo bem diferente em casa. O estresse no trabalho prenuncia dias de mau humor em casa. Os pais são mais propensos a se mostrar agressivos e a incomodar sua esposa e os filhos com queixas insignificantes. Entretanto, as mães passam mais tempo com seus filhos e ficam mais atentas às suas necessidade após os dias difíceis no trabalho. Em outras palavras, mesmo sob estresse, as mães cuidam dos filhos.

Mas acalentar não é positivo somente para os filhos. É uma maneira importante para as mulheres *se* acalmarem também. Acalmamos umas às outras em parte porque nos sentimos pessoalmente cuidadas e acalmadas ao cuidar e trocar com os outros. O hormônio *oxitocina* detém o segredo pelo menos em parte desta história de criar laços. Quando estava estudando para o meu doutorado em ciências médicas na década de 60, sabíamos que a

oxitocina desempenhava um papel na descida do leite e ajudava a acionar o trabalho de parto. Agora sabemos que ele também é liberado sob o estresse. Li em *The Tending Instinct* três frases que me atingiram a ponto de me deixar arrepiada. Taylor escreveu: "As sensações que acompanham a liberação da oxitocina contém um interesse especial. Logo após o nascimento, desce uma calma sobre a maioria das mães. Você acabou de terminar uma das experiências mais vigorosas e dolorosas da sua vida... Mas esta calma é mais do que aquela que vem do alívio no fim de uma experiência dolorosa. Ela tem uma qualidade do outro mundo."[1]

Quando Andrei nasceu, eu já tinha estado no hospital devido a uma pneumonia virótica. O trabalho de parto foi especialmente difícil porque eu já me sentia esgotada antes. Mas logo após ele ter nascido, senti-me envolvida por uma paz além de qualquer descrição. Era como se tivesse ido até a casa de Deus e ficado envolvida por asas de êxtase. Essa oxitocina é muito boa. Sob o seu efeito, sentimos uma paz e uma ligação que nos auxilia a estabelecer um elo com o recém-nascido. Quando estamos estressadas, ela nos ajuda a acalmar reforçando as ligações com os nossos filhos, seres amados e amigos, e até com desconhecidos que encontramos durante a parada para o café. A oxitocina acalma e conforta as mulheres, e nós, pelo nosso lado, acalmamos e confortamos os outros. A natureza é sábia.

Queria ter sabido a respeito das diferenças na maneira que homens e mulheres respondem ao estresse quando era mais jovem. Talvez em vez de culpar a irritação do meu marido por motivos pequenos e a necessidade de ficar sozinho após um dia de trabalho estressante, teria compreendido que ele estava fazendo o que lhe era natural fazer. Não era pessoal. Em vez de aumentar a sua irritação até provocar um incidente maior, talvez eu tivesse conseguido passar por cima e evitado trazer mais tensão para as nossas vidas.

Quando o trabalho me estressasse, e eu encontrasse naturalmente um conforto cuidando dos meninos, eu deveria dar um bocejo de alívio e gratidão pelo fato de cuidar deles também me confortar ao mesmo tempo. Em vez de me queixar de que o meu dia foi de estourar os nervos — e então passar a noite cuidando dos filhos porque o meu marido preferiu ficar sozinho — eu apreciaria o fato de tudo estar dentro do esperado. Mais tarde eu pegaria o telefone e chamaria uma das minhas amigas para falar das coisas que estavam na minha cabeça, de modo que elas não ficariam presas dentro do meu corpo. Fluindo junto com a oxitocina, terminaria o meu dia calma e satisfeita por ter subjugado o estresse por meio da resposta acalentar-e-cuidar.

8

CULPA DE MÃE E OUTRAS CULPAS

Quando faço uma palestra em uma conferência para mulheres, muitas vezes peço uma participação. "Quantas de vocês são, ou já foram, mães que trabalham fora? Levantem a mão." A maioria das mãos é levantada. Então pergunto: "Quantas de vocês se sentem culpadas por isso?" Quase todas as mãos são levantadas novamente. Se o ambiente é mais íntimo, algumas vezes faço uma outra pergunta mais delicada: "Quantas de vocês queriam ter filhos mas tiveram problemas para engravidar ou nunca conseguiram conceber?" Um número bem menor de mãos se apresenta, mas à medida que cada vez mais mulheres esperam até ter um pouco mais de idade para engravidar, esse número aumenta. Então ocasionalmente pergunto: "Alguma de vocês se sente culpada pela sua infertilidade?" E, naturalmente, algumas mulheres respondem que sim. Suas razões variam desde abortos anteriores, adiar a gravidez para subir na carreira primeiro, acreditar que Deus as está punindo, ou lamentar por ser muito ocupada ou estressada para engravidar.

A culpa é uma tendência emocional que acontece na vida da maioria das mulheres. Mães que trabalham fora em particular falam em se sentir esmagadas entre as exigências dos filhos e do trabalho e a sensação de desalento quando não podem estar presentes para os filhos. A pesquisa de um falecido psicólogo de Yale, Daniel Levinson, incluiu entrevistas com mães que trabalham fora a respeito das suas prioridades. A maioria das mulheres disse que seus filhos eram o mais importante, o trabalho vinha em seguida, depois os maridos (se houvesse um) em um terceiro lugar distante e as amigas mulheres dispersavam-se em quarto porque não havia tempo suficiente para as amizades. É uma constatação triste, pois as amigas mulheres são um fator importante na redução do estresse e para trazer riqueza e beleza para as nossas vidas.

O ponto mais atordoante do estudo de Levinson foi a ponderação que a prioridade mais importante das mulheres realmente

não podia ser realizada na maior parte do tempo. Queremos nossos filhos em primeiro lugar, mas quando existe algo crítico no trabalho, em geral ele recebe toda a atenção devida. Lembro-me de um incidente quando os meninos eram pequenos. Ajudei a montar um exame de microscópio para 150 estudantes de medicina, e cheguei em casa próximo da meia-noite. Quando levantei na manhã seguinte para voltar ao trabalho e aplicar o teste, Andrei e Justin amanheceram ambos com catapora. Embora quisesse ficar em casa para cuidar deles, cancelar um exame final para 150 estudantes de medicina estava fora de questão. Os meninos foram deixados com uma *baby-sitter* e eu saí carregando a minha culpa.

A realidade para várias mulheres é que o trabalho vem em primeiro e os filhos em segundo lugar — mesmo que digam para si mesmas que deveria ser ao contrário. Quando os nossos atos são consistentes com as nossas prioridades, sentimo-nos em paz e inteiras. O nosso lado exterior se combina com o interior e nos sentimos autênticas e íntegras. Mas quando não podemos honrar as prioridades importantes, a culpa fala mais alto. "O que você pensa?", ela pergunta. "Este não foi o seu trato. Por que não se corrige, acerta tudo e volta para o que foi programado?"

A culpa é uma emoção saudável porque faz perguntas que nos guiam para o nosso lado melhor e para uma ação mais iluminada, compassiva. Em um mundo ideal, fazemos as mudanças que

o sistema de orientação claro e franco sugere, e depois seguimos com a vida nos sentindo mais centradas e autênticas. E, se não pudermos fazer as mudanças para colocar as prioridades na ordem correta, então precisamos reconhecer — e fazer um tratado de paz — o fato de que teremos que mudar a ordem destas prioridades. De uma maneira ou de outra, precisamos ser leais conosco e com os nossos seres amados.

Quando não fazemos as mudanças que trazem de volta a integridade, a culpa saudável se transforma em vergonha ou se liga a uma outra vergonha que você já carrega. As suas imperfeições são repetidas na sua mente como um disco quebrado, e você não tem mais paz. A vergonha é uma emoção não saudável. Não é uma voz que lhe lembra o que é mais precioso para que você possa viver de acordo com esse conceito — não, a voz da vergonha é como uma ave de rapina que sempre a despedaça e a culpa por tudo que não é perfeito na sua vida. Quando a vergonha assume, tudo que você fizer nunca será suficiente. *Você* não é suficiente. A vergonha é menos pelo que você faz e mais pelo que você é. Diferente da culpa, que some quando você realiza a sua mensagem, a vergonha tem um poder que não dispersa.

À medida que você ler a história que escrevi sobre a minha Culpa de Mãe, compreenderá que a história envolve também a vergonha. A vergonha é uma emoção que paralisa. Devido ao

medo por detrás da vergonha de que você nunca será boa o suficiente, para que tentar ter uma vida melhor? Parte de você acha que não a merece de jeito nenhum. No meu caso, precisei de vários anos de terapia e trabalho interior intenso para curar a vergonha infantil. Somente então pude começar a ouvir a sabedoria da culpa e fazer as mudanças que dignificaram a mim e a minha família.

Enquanto estiver lendo a minha história, partes da sua culpa provavelmente virão à sua mente. Se você não tiver a Culpa de Mãe, outra culpa provavelmente emergirá. O convite é para que permaneça aberta àquilo que sente e depois escreva ou partilhe com uma pessoa em quem confia. Esse é o início para perdoar a si mesma e soltar o passado para que possa estar presente no Agora, fazendo as mudanças necessárias com um coração aberto. Como eu, você poderá descobrir que deseja uma orientação sábia e compreensiva — um terapeuta — para auxiliar na sua cura.

Tinha 23 anos e acabara de me formar quando Justin, meu primeiro filho, chegou nu e indefeso a este mundo. O intrépido esperma que o gerara tinha se introduzido furtivamente em torno da borda do meu diafragma. Se tivéssemos sabido que os nossos esforços de planejamento familiar rigorosamente aplicados (e confusos) iriam produzir um efeito pior do que uma roleta russa,

teríamos escolhido um outro método. Mas fico feliz de não termos feito isso. Amei Justin desde o momento em que ele se chocou com as portas do meu ventre.

Este casamento prematuro com o meu namorado de ginásio já estava turbulento, e teria terminado antes mesmo de Justin nascer se não fosse pela minha irascível e impetuosa mãe. “Você não pode se divorciar”, decretou. “O que os vizinhos vão pensar?”

Eu nem conhecia os vizinhos, porém minha mãe era uma mulher formidável que não admitia ser desobedecida. Ela não queria lidar com a desgraça de uma filha descasada, o que certamente mancharia a reputação da família. Na época eu me submetia a tudo, subjugada pela vergonha, para agradar aos outros. Fiz como me foi dito, esperando que as pessoas — neste caso a minha mãe — me respeitassem se eu permanecesse casada.

Diz-se que na juventude as pessoas usam a juventude. Digo que a menopausa é usada pelos mais velhos — ou pelo menos pelas pessoas mais maduras. Devido à menopausa, muitas mulheres trabalharam a sua vergonha anterior e acharam bem mais fácil contar suas verdades. Algumas vezes me pergunto como a minha vida teria sido diferente se eu tivesse tido um pouco desta coragem da menopausa, não suspeitada quando era mais jovem. Naquele ponto da vida, teria deixado o meu marido apesar do mau conselho da minha mãe. Ser mãe solteira teria sido muito

mais fácil do que tentar equilibrar trabalho e família com o estresse adicional de administrar um casamento falido.

A vida durante a gravidez foi incrivelmente estressante. Estudar na Escola de Medicina de Harvard, onde a competição quase nos levava a agredir uns aos outros, já era suficientemente duro. A competição era permanente e exaustiva. A grande fadiga do início da gravidez, que era mencionada de passagem nos livros que eu lia, ainda era uma surpresa inacreditável. Arrastar a mim mesma pelos corredores de Harvard era como rastejar pelo deserto após o meu camelo ter morrido de desidratação. Além disso, havia poucas mulheres na turma, e eu não queria desfalcar o lado feminino justo quando estávamos começando a marcar presença na medicina e nas ciências. Estava determinada a ser a melhor, mesmo me matando... o que quase aconteceu. Queimando de febre com uma infecção renal, eu ainda comparecia às aulas com sete e oito meses de gravidez, escondendo um saco de água quente sob a roupa de grávida para aliviar a dor excruciante.

E não era só isso. Meu marido e eu beirávamos a miséria. Subsistíamos com a minha bolsa de estudos, o que nos colocava bem abaixo da linha de pobreza. Nosso apartamento diminuto corria um perigo iminente de ser carregado por gerações de baratas famintas que o tinham como a sua casa. As luzes se apagavam sempre que não havia dinheiro para pagar a conta. O carro tinha que

ser estacionado no alto de uma ladeira para ser empurrado e pegar no tranco porque o conserto era muito caro. Felizmente os meus pais moravam perto e eu aumentava as nossas compras passando pela sua despensa — de outra forma teríamos passado fome no fim de cada mês quando o dinheiro já tinha acabado.

Justin teve a idéia de chegar três semanas antes, porém com um bom peso. Entrei em trabalho de parto logo após ter retirado a neve que se acumulara em torno do carro com uma nevasca pesada de fevereiro. Dois dias depois do seu nascimento, meus pais nos apanharam no hospital e abrigaram a nossa pequena família em sua casa espaçosa, onde eu podia receber ajuda. Minha mãe insistiu em contratar uma enfermeira profissional por várias semanas para me auxiliar e me dar um pouco de descanso. Ela estava somente tentando ajudar, Deus a abençoe, porém o seu presente generoso teve um desfecho dramático.

Infelizmente, a enfermeira me detestou desde o início. Claramente eu era uma mãe sem experiência, e ela protegeu Justin de todas as maneiras das minhas tentativas inexperientes e possivelmente letais. Não me lembro de tê-lo colocado no colo. Após seis dias de depressão pós-parto, voltei para as aulas e o laboratório, onde o trabalho sobre a pesquisa da minha tese estava a todo vapor. Sinto muito em dizer que foi um alívio abençoado. Pelo menos havia um lugar onde me sentia competente e à vontade.

A primeira semente da Culpa de Mãe fora plantada no solo fértil do meu jovem coração.

Ao fim de quatro semanas, quando finalmente voltamos para o Paraíso das Baratas, tive que trocar as fraldas do meu filho. Como uma cientista que desabrochava e podia compor um gradiente de densidade de sacarina para separar as partes das células, usar um microscópio eletrônico do tamanho de uma sala e calcular equações arcanas, eu estava pronta para enfrentar o desafio, ou quase. As fraldas se mostraram fáceis de lidar, pois a lavagem dos seus conteúdos era feita na máquina de lavar. Lavar e esterilizar as mamadeiras também não foi problema. Eu tinha desejado amamentar, porém a Enfermeira Exemplar proibiu. Afinal, eu trabalhava fora. A pequena semente da culpa cresceu, enraizou e iniciou a sua inevitável jornada em busca da luz.

Atravessando a infância de meus dois filhos, primeiros anos, a escola primária e secundária, a pequena semente da culpa cresceu até quase sufocar o meu coração. Como eu poderia ter sido uma mãe melhor? Vamos contar os meios. Vamos rever os pontos importantes na vida de Justin — e depois na de Andrei — que perdi porque estava trabalhando. Deixe-me pensar como pouco aprendi a cuidar de crianças durante a maternidade, sem dúvida uma das tarefas mais importantes no planeta.

Os cientistas sociais estudaram os fatores que favorecem um bom instinto materno. Um deles é ter cuidado de irmãos mais novos. Fui praticamente filha única. Meu irmão, dez anos mais velho, foi como um outro pai para mim. Os bebês eram um mistério. Procurei o guru da época, Dr. Spock. Ele tinha vários conselhos bons a dar, e também alguns ruins. Bebês podiam se transformar em tiranos, escreveu ele, se você deixasse. Descrições de pirralhos conhecidos que tinham crescido como narcisistas inveterados preenchiam páginas do seu livro. Então, em nome de ser uma boa mãe, tentei deixar Justin chorar por 20 minutos antes que eu o pegasse, a menos que houvesse uma boa razão para aquilo como uma cólica de fome, uma fralda suja ou algo parecido.

Uma noite ele gritava alto enquanto eu esperava do lado de fora da porta contando os minutos até que pudesse pegá-lo e confortar a nós dois. No minuto 18 houve uma batida na porta. Era a polícia. Os vizinhos tinham chamado sem saber se havia algum problema terrível no Paraíso das Baratas. Humilhada, joguei fora o livro do Dr. Spock.

Perdida no mar e sem uma bússola, aprendi a como ser mãe pelo meio doloroso da tentativa e erro. Se as habilidades maternais não estiverem gravadas em nossos ossos, ou se não tivermos um legado de amor dado por nossos próprios pais, deve haver um trabalho de cura a fazer antes de podermos passar um legado di-

ferente para os nossos filhos. Atualmente as mães são bem mais afortunadas do que eram na minha época. Existe muita ajuda de especialistas e bons conselhos disponíveis em cada comunidade a respeito de como ser uma mãe, como cultivar a inteligência emocional, como lidar com o seu estresse e curar o seu passado.

Meus filhos agora já são homens. Alguns anos atrás estávamos recordando a infância deles e destacamos umas boas lembranças. Justin falou de uma tarde memorável que passamos no Planetário Hayden, em Boston. Imediatamente a Culpa de Mãe residual apareceu e ameaçou estragar o momento. "Você gostou tanto do planetário que eu deveria tê-lo levado outras vezes", lamentei. "Mas era tão ocupada."

"Agora já sei de tudo", Justin riu. "Você deve escrever um livro chamado *A culpa do planetário*." (Na verdade, devo escrever um livro sobre como liberar a culpa, que já está praticamente pronto. Chama-se *Guilt Is the Teacher, Love Is the Lesson.* Ele pode ajudar a distinguir entre a culpa saudável e a vergonha não saudável, e delineia os passos para perdoar a si mesmo e aos outros usando a culpa de maneira sábia e curando a vergonha que se iniciou na infância.)

Aprender com a culpa, e depois soltá-la, é um dos ciclos contínuos de crescimento que marca a nossa época na Terra. As raízes emaranhadas da Culpa de Mãe — ou de qualquer culpa — podem

eventualmente se transformar em um rico composto que nos alimenta. Isso acontece quando nos desculpamos pelo que fizemos ou não pudemos fazer em vez de celebrar quem nos tornamos.

Com o passar dos anos, meus filhos e eu conversamos sobre as difíceis escolhas que fiz como uma mãe que trabalhava fora. Eles sabem que foi difícil fazer o malabarismo entre o trabalho e a família, e que não os amei menos porque algumas vezes tive que colocar o trabalho na frente. Talvez exista uma categoria onde trabalho e família tenham prioridades iguais. Essa é a verdade de como os meus filhos foram criados, e estamos em paz com isso. Rimos e choramos juntos, celebramos os bons momentos que a nossa família teve, tentamos descobrir a sabedoria que surge através dos tempos difíceis e nos juntamos para ouvir as histórias uns dos outros. Como mãe, sou verdadeiramente abençoada.

9

MÃES E FILHAS: PERDÃO E MISERICÓRDIA

Vocês já se familiarizaram com a figura formidável da minha mãe. Esta história é um legado dela e uma lição sobre a arte espiritual do perdão. Sempre que faço esse relato, uma profunda gratidão pelo presente que foi a sua vida me toma de surpresa, como se a estivesse experimentando face a face pela primeira vez. Parte da magia do perdão que partilhamos juntas é que sempre foi algo novo para mim, não importa quantas vezes eu conte a história dela. Inserida nessa aura de novidade, um pouco da misericórdia é muitas vezes transmitida para aqueles que a ouvem ou lêem.

Na manhã da sua morte, no fim da década de 1980, minha mãe foi transportada para o subsolo do hospital onde eu trabalhava. Sangrava internamente, e eles a enviaram para o setor de radiologia para determinar a origem do sangramento. Ela já tinha ido havia horas. A minha família, preocupada, que se reunira em seu quarto para se despedir, finalmente me enviou para procurá-la. Encontrei-a sozinha em uma maca no corredor. Estava aguardando pela sua vez no raio X, tendo por companhia durante horas somente as paredes nuas.

Encontrei o médico responsável e perguntei se podia levá-la de volta para o quarto. "Sinto muito", disse ele balançando a cabeça. "Ela está sangrando. Precisamos de um diagnóstico."

Minha mãe, tão pálida quanto o lençol que a cobria, adquiriu alguma cor e levantou uma sobrancelha. "Um diagnóstico? É tudo de que o senhor precisa? Quer me dizer que estive esperando aqui o dia todo somente porque o senhor precisa de um diagnóstico? Por que não me perguntou?"

O médico, que parecia ter visto um fantasma, ficou sem reação por um minuto. Finalmente disse em voz baixa: "O que disse?"

"Eu estou morrendo, este é o seu diagnóstico", respondeu minha mãe com seu humor usual. A seu favor, o médico conseguiu compreender o que ela quis dizer e pude conversar com ele para que me deixasse levá-la de volta para o quarto. Teríamos que esperar por uma permissão para transportá-la, mas ela me implorou por uma saída sem ser notada e que corresse com ela de volta para a família antes que a agarrassem novamente. Finalmente entramos a sós no elevador e subimos para o seu andar. Ela olhou para cima, para mim, deitada na maca, transparente como as crianças pequenas e as pessoas mais idosas ficam algumas vezes. Não havia nenhum artifício — ela era sempre assim. Procurou a minha mão, olhou dentro dos meus olhos e disse com simplicidade que tinha cometido muitos erros como mãe e perguntou se eu poderia perdoá-la. A dor de uma vida inteira evaporou naquela rápida subida entre alguns andares.

Beijei a sua mão e depois a sua bochecha fria e úmida. "Claro que a perdôo", murmurei com a voz embargada pelas lágrimas. "Pode me perdoar por todas as vezes em que a julguei, por todas as vezes que não estava disponível? Cometi muitos erros como filha também." Ela sorriu e balançou a cabeça enquanto lágrimas molhavam seus olhos baços que uma vez foram de um azul cobalto mais bonito que o do céu. O amor construiu uma ponte sobre uma vida de culpa, dor e vergonha.

Quando voltamos para o seu quarto, cada membro da família teve alguns minutos a sós com ela para se despedir. Então, enquanto o dia se desfazia em sombras alongadas, e a noite de primavera desceu sobre nós como uma cortina, todos se foram, exceto meu irmão, Alan, meu filho Justin e eu. Nós três ficamos de vigília.

Justin era um jovem de 20 anos, e lealmente devotado à avó, que sempre fora o seu ídolo. Ele parecia saber intuitivamente o que uma pessoa que está morrendo precisa ouvir — que a sua vida tinha tido um significado e que ela deixara o mundo um pouco melhor pela sua presença. Contou histórias dos seus bons momentos juntos, histórias de como o amor dela o amparou. Justin pegou sua avó moribunda em seus braços, cantou com ela, orou por ela e leu para ela por grande parte da sua última noite conosco. Fiquei muito orgulhosa dele.

Coisas incomuns podem acontecer durante os nascimentos e as mortes. O véu entre este mundo e o outro se adelgaça nestes portais quando as almas chegam e partem. Por volta da meia-noite, mamãe mergulhou num sono provocado pela morfina. Justin e eu ficamos sozinhos com ela enquanto meu irmão descansava um pouco. Estávamos meditando um de cada lado da cama. Mas eu estava acordada, e não adormecida, perfeitamente lúcida e não sonhando. O mundo pareceu se dividir em seu eixo, e tive uma visão que, se você já teve, parece mais real do que poderia ser. Esta vida parece ser o sonho e a visão um vislumbre de uma realidade mais profunda.

Na visão, eu era uma mãe grávida em trabalho de parto. Era também o bebê que nascia. Era uma experiência estranha, embora muito familiar ser uma consciência presente em dois corpos. Com um sentido de *insight* e certeza agudos, compreendi que existe somente uma consciência em todo o universo. Apesar da ilusão da separatividade, existe somente um de nós aqui, e que esse Um é o Divino.

À medida que o bebê descia pelo canal do nascimento, a minha consciência deslizava totalmente para aquele pequenino corpo. Eu me senti descendo pelo túnel escuro. Estava assustada com tudo aquilo, deixando a escuridão aquosa do ventre para entrar neste território desconhecido. Emergi de repente em um local de perfeita paz, conforto integral e luz inefável do tipo que as pessoas relatam nas experiências de quase morte.

A Luz está além de qualquer descrição possível. Não há palavras que possam expressar o amor integral, o perdão absoluto, a terna misericórdia, a felicidade divina, reverência completa, santidade surpreendente e paz eterna que é essa Luz. Aquela Luz do Amor Divino pareceu penetrar a minha alma. Senti como se ela tivesse visto e sabido cada pensamento, movimento, ação e emoção nesta vida. Apesar dos meus desvios óbvios e erros terríveis, ela me sustentou em gentileza absoluta, perdão total e amor incondicional como com uma criança pequena. Eu sabia, além de

qualquer pergunta, engatinhando na Luz, que aquele amor é quem somos e naquilo que nos tornamos.

Cenas de minha mãe e eu juntas passaram pela minha mente. Muitas delas de momentos difíceis quando nossos corações estavam fechados um para o outro e não dávamos o melhor de nós. Embora do ponto de vista da Luz cada interação parecesse perfeita e calculada para nos ensinar algo sobre a maneira de amar melhor. Quando as cenas se dissiparam, o misterioso círculo da vida ficou bem claro. Minha mãe tinha me feito nascer neste mundo e eu estava fazendo a sua alma nascer de volta. Éramos uma só. Eu renasci no momento da sua morte — banhada em amor, perdão e gratidão. Pensei nas palavras de São Paulo, que dizem que vemos através de um espelho, obscurecido. Por um momento recebi o presente de ver face a face.

Quando abri os meus olhos, todo o quarto estava banhado por uma luz. A paz era uma presença palpável, uma calma aveludada, a essência do Ser. Tudo parecia interligado, sem limites. Lembrei-me de como o meu professor de química do ginásio explicara que tudo era formado de energia, de luz. Naquela noite pude ver isso. Tudo fazia parte do todo, pulsando à Luz da Criação. Olhei através do corpo morto de minha mãe e vi meu filho sentado do outro lado. O rosto de Justin estava

brilhante. Parecia que tinha um halo à sua volta. Chorava mansamente, as lágrimas como diamantes cintilando na luz. Eu me levantei, contornei a cama e puxei uma cadeira para perto dele. Ele olhou no fundo dos meus olhos e perguntou suavemente se eu podia ver que o quarto estava iluminado por uma claridade. Concordei acenando com a cabeça, e nós nos demos as mãos em silêncio. Após alguns segundos ele murmurou respeitosamente que a luz era o último presente de sua avó. "Ela está mantendo a porta para a eternidade aberta para que possamos ver de relance", explicou.

Continuando a olhar fundo nos meus olhos, Justin falou com uma sabedoria bem além dos seus 20 anos. "Você deve ser grata à sua mãe", disse. Eu sabia exatamente o que ele queria dizer. Tinha sido uma filha ingrata, apegando-me a anos de ressentimentos contra uma mãe difícil. Agora meu coração flutuava com uma gratidão que era uma emoção completamente nova para mim em relação a ela.

Justin também tinha tido uma visão, que até hoje guarda para si. Mas me disse aquelas palavras no quarto do hospital na frente do corpo da sua querida avó de 81 anos. Minha mãe, ele disse, era uma grande alma, um ser sábio que tivera muito mais sabedoria do que o seu papel naquela vida a tinha permitido expressar. Ela assumira um papel bem menor do que era, assegurou

ele, para que eu pudesse ter alguém para resistir contra. Ao resistir a ela, tornei-me completamente eu. O meu propósito na vida, explicou — propósito no qual ela fora uma parte vital — era partilhar o resultado do que aprendera sobre cura, compaixão, Deus e autodescoberta.

Olhei para baixo para reunir os meus pedaços e depois voltei para encarar os suaves olhos verdes do meu filho. "Você pode me perdoar, Justin? Sei que cometi muitos erros como mãe. Sabe o quanto eu o amo?"

Ele pegou minha mão. "Os erros são feitos a serviço do amor", murmurou.

Então a energia no quarto mudou, a luz esvaeceu e nós nos abraçamos por um longo tempo. Finalmente ele se afastou, sorriu e depois riu. "Ei, mãe, você me atingiu da maneira certa." Nós nos levantamos e demos um passo de dança silencioso que tínhamos visto Ren e Stimpy, personagens do desenho animado, fazer. "Felicidade, felicidade, alegria, alegria", cantamos enquanto dançávamos de modo incongruente pelo quarto de uma mãe morta, uma avó morta, cujo amor tínhamos partilhado e vivenciado de maneiras bem diferentes.

"Por favor, lembre-se de que você me perdoou, querido", lembrei a ele um pouco mais tarde. "Sei que ainda não terminei de cometer erros."

Nos 15 anos desde que partilhamos a morte de minha mãe, Justin e eu cometemos erros e ambos assumimos a responsabilidade por eles e os corrigimos da melhor maneira que conseguimos. Mas a misericórdia do perdão de uma mãe-filha e o sentido de que estamos aqui juntas porque aprendíamos a amar tornou o processo bem mais fácil. Por tudo isso sou agradecida.

10

FAZENDO E AGINDO: COMO TORNAR O AMOR VISÍVEL

Imagine o seu legado prematuro. Você está correndo para trabalhar, revendo agitadamente a sua lista de tarefas quando um raio de luz a atinge. Você vira história, consumida por um brilhante clarão de luz. Amigos e familiares se reúnem após o funeral, comendo frios sortidos e comentando reminiscências sobre a sua vida. O que acha que eles diriam? Sentiriam a sua falta como sendo humano amoroso ou contariam histórias sobre um ser humano *realizador* que tinha alcançado várias coisas mas fazendo prisioneiros durante o processo?

Como várias outras pessoas que escolheram fazer carreira na área da saúde e da psicologia, passei a minha vida tentando ajudar os outros. Quando posso estar totalmente presente para a pessoa com quem me encontro, a cura emerge naturalmente de um estado mútuo de Ser, de centralização, que nos envolve. Porém, algumas vezes, quando estou correndo para fazer coisas e respeitar os prazos, a gentil conscientização e suavidade amorosa do Ser desaparecem no frenesi de agir. Atingida pela necessidade de cumprir as tarefas da lista, terminar aquele projeto importante ou responder a todas as ligações telefônicas, a gentileza cede espaço para o lado material. Esqueço de parar e ouvir. Os seres amados são deixados a sós ou até tratados como incômodos quando me interrompem. Um narcisismo inconsciente reina supremo no meu reino interno. Meu bom amigo, o clérigo e sábio autor Wayne Muller, chama isso de "fazer o bem do modo errado".

A síndrome de "fazer o bem do modo errado" é como uma luz de néon piscando a mensagem que você perdeu o seu centro. Quando o trabalho se torna o assassino do amor, você fez a barganha com o diabo. Quando você faz o bem do modo errado, as pessoas à sua volta geralmente espelham o seu estado interior. Colaboradores ou seres amados que começam a agir de modo desagradável são uma oportunidade para que você dê uma

olhada honesta em você mesmo. Quando o comportamento deles é um sintoma para a sua própria perda de ligação com o seu coração, uma ausência do Ser que impede que você se comunique com eles?

É fácil racionalizar a perda do Ser e negar a dor de um coração fechado. Você está muito ocupada para prestar atenção nas pessoas? Bem, deve haver boas razões para isso. Você precisa ganhar a sua vida, o prazo final é amanhã, o mundo precisa da sua ajuda, o seu patrão está considerando uma promoção para você, a planilha de matérias está realmente pesada neste semestre, é tempo de férias, você tem três filhos, o seu telhado é de vidro... e outras. Tudo isso e muito mais pode ser verdade. Pode até ter sido esculpido em pedra ou digno de ser publicado no *The New York Times*. Mas nos impede de amar?

As pessoas dizem umas para as outras "eu te amo" o tempo todo. Mas o que querem dizer realmente? O psicólogo David Richo é o autor de um livro bem preciso e prático sobre o amor e a intimidade intitulado *How to Be an Adult in Relationships: The Five Keys of Mindful Loving*. Ele escreveu: "Nós nos sentimos amados quando recebemos atenção, aceitação, apreciação e afeto e quando nos é permitido ter a liberdade para viver de acordo com as nossas necessidades e desejos mais profundos."[1]

Atenção, aceitação, apreciação, afeto e autorização — o que Richo chama de cinco As são os comportamentos que tornam as palavras "eu te amo" reais. Quando você está no seu estado de Ser, estes cinco comportamentos vêm naturalmente. São uma simples expressão da Presença, o sentimento central de ser no Agora. Mas quando você está fora do centro, muito ocupada, a prática consciente dos cinco As pode abrir o seu coração e trazê-lo de volta para o estado centrado de Ser. Receber os cinco As quando criança é a base para o desenvolvimento de um sentido saudável de ser. Receber os cinco As quando adulto traz alegria e paz. E foi para dar e receber amor que nós nascemos.

O amor é maior do que o romance. O romance diminui, e se o amor não criou raízes, as pessoas se afastam. O amor é maior também do que o afeto que sentimos por algumas pessoas escolhidas que estão mais próximas de nós. A gentil área do Ser que o amor cria pode ser ampliada para todas as pessoas, em todos os relacionamentos que você tiver. Isto inclui pessoas próximas e até estranhos, que, como diz o velho adágio, são somente amigos que ainda não encontramos.

Temos agora os cinco As explorados mais a fundo.

Atenção

Uma prova final em um curso em uma escola de comércio teve uma pergunta interessante: Qual o nome da mulher que faz a limpeza dos escritórios neste andar? Uma das mulheres que estava fazendo a prova não sabia a resposta porque não tinha prestado atenção a uma pessoa que achou que não era importante. A pergunta a fez compreender que toda pessoa tem o seu valor e é digna de ser notada, mas algumas vezes classificamos as pessoas em categorias que nos fazem ignorá-las. Saber o nome da pessoa a identifica como um ser humano como você mesma e a conecta com os seus companheiros de viagem. Notar alguém que pode ter permanecido invisível e tratá-lo com respeito naquele momento constrói uma ponte do Ser, o que é o amor em ação. Quando uma pessoa gentil presta atenção em nós, nos sentimos valorizados e notados.

Você pode estabelecer uma ligação com quem você desejar dando a ela o presente da sua atenção cuidadosa. Qual a primeira coisa que você faz quando chega em casa do trabalho: separa a correspondência ou vai jantar? Estabelecer uma ligação com a sua família dando atenção a cada membro dela com um cumprimento carinhoso, perguntas sobre como foi o dia ou um abraço cria a atmosfera do Ser e do amor. *Depois* então você poderá cuidar da correspondência, ler o jornal ou fazer qualquer outra coisa que esteja

na sua agenda, porque ao chegar você formou um elo de amor do qual a bondade flui tão naturalmente como o dia segue a noite.

Receber atenção significa coisas diferentes para pessoas diferentes. Por exemplo, se me sinto triste, acho que recebo atenção se um amigo ou pessoa mais chegada nota o meu estado emocional e pergunta: "você parece triste, Joan. Quer falar a respeito?" Posso querer ou não, mas a atenção da pessoa nos liga pelo coração. Posso relaxar um pouco em um abraço terno por ter sido tocada na minha vulnerabilidade. Por outro lado, aprendi com meus filhos que prestar atenção ao estado emocional deles algumas vezes parece que os estou espionando. Um simples abraço, uma piada ou um convite para ir ao cinema podem ser maneiras de prestar atenção a eles, que se sentem seguros e encorajados quando estão vulneráveis.

Aceitação

O segundo A de Richo é a aceitação. "Ashley", a filha adolescente de uma amiga minha, ficou grávida recentemente. Na minha geração isso seria uma grande catástrofe. A cada vez que não me sentia bem, minha mãe ficava visivelmente ansiosa até finalmente explodir querendo parecer casual: "você não está grávida, está?"

Teria sido uma concepção imaculada, pois ela sempre me vigiava e praticamente estabelecera um cinto de castidade. Sentindo-me culpada e envergonhada pela não-aceitação e desconfiança de minha mãe, trancava-me no meu quarto sentindo-me furiosa. Era impossível conversar sobre um namoro ou sexo com ela, e ambas nos afastávamos fechadas cada uma em si mesma. Se eu realmente tivesse engravidado fora do casamento, acho que jamais poderia dizer a ela. E, se tivesse acontecido, certamente teria sido menos habilidosa se deixada à minha própria sorte do que se tivesse recebido uma ajuda amorosa.

Minha amiga tratou a filha grávida com uma aceitação terna que construiu uma confiança em vez de destruí-la. Sem projetar os seus medos, ela perguntou a Ashley a respeito dos sentimentos dela. Logo a história da gravidez surgiu aos poucos, porque a aceitação abriu seus corações. Embora a mãe de Ashley não tivesse concordado com a escolha da filha que a levara a engravidar, ela aceitou e amou a filha incondicionalmente. Qualquer que tenha sido a experiência de Ashley, sua mãe a considerou como parte da sua emergência como ser humano. A aceitação tornou-se o canteiro de onde brotaram um amor e intimidade profundos, embora mãe e filha estivessem ambas apreensivas e preocupadas com a gravidez.

Apreciação

Uma vez, ainda uma jovem adulta, participei de uma paródia em uma conferência científica. Eu era extremamente envergonhada na época, e a improvisação não era o meu forte. Mas os meus colegas me encorajaram, e de alguma forma consegui me soltar e entrar no espírito criativo. Não me sentia bem fazendo caretas e trocadilhos para uma platéia que soltava risadas. Quando acabou, um dos cientistas mais velhos se aproximou de mim exultante. Sacudiu vigorosamente a minha mão para cima e para baixo, sorrindo como um gato feliz e disse: "Você brilhou! Seus colegas devem estar orgulhosos de você." Isso é apreciação, o terceiro A. É um generoso voto de confiança. Não importa se a sua vida é muito atarefada, existe sempre tempo para algumas palavras de apreciação. Como regar um canteiro, ela faz as pessoas desabrocharem.

Se você acha que um empregado seu ou um colega está fazendo um bom trabalho, por que não dizer isso a eles? Não assuma que eles estão sabendo. Mesmo que saibam, a sua apreciação criará um elo mais profundo. Dará a eles confiança e aumentará o respeito deles por você e o seu entusiasmo pelo trabalho. Se alguém estiver bonito, faça uma observação, desde que seja sincera

e franca. A apreciação faz com que as pessoas se sintam notadas e valorizadas. É um presente que as ajuda a ficar centradas onde brilha a sua parte melhor.

Afeto

O quarto A é o afeto. Um toque gentil, um abraço caloroso, até um olhar amoroso pode abrir o coração. O afeto significa "você faz do mundo um lugar melhor para se estar e estou feliz por estar aqui com você". Tomando emprestado um pensamento do poeta Rumi, o afeto nos faz reviver novamente, como a terra na primavera. Ele cria condições em que o potencial dentro de nós busca a luz naturalmente.

Tenho um cachorro que me faz companhia chamado Elijah. Ele é um pequeno shih tzu adorável, uma bola fofa preta e branca. Quando me abaixo para tocá-lo, Elijah levanta a cabeça e olha direto nos meus olhos. Todo o seu ser parece se abrir para receber o amor. Dar e receber amor é um elo entre seres humanos e várias espécies de animais. Se ratos-bebês não forem lambidos o suficiente por suas mães, seus sistemas de imunidade serão fracos quando se tornarem adultos. Se bebês humanos não forem cuidados e tocados, seus sistemas de imunidade também sofrerão. A falta de toque inibe os hormônios do crescimento e essas crianças serão fisicamente debilitadas e também emocionalmente incapazes de estabelecer elos posteriormente na vida. Como adultos, ainda precisamos de afeto e um toque que diga "eu a amo e a respeito". Isso abre os corações e nos conecta diretamente com a paz do Ser.

AUTORIZAÇÃO

O último item é a autorização. Todas as pessoas precisam de liberdade para serem o que são. As crianças necessitam de limites firmes, uma forma para crescerem. Mas existe uma diferença monumental entre ser um posto de controle e um vaso para uma planta. Quando você diz a uma criança que irá pintar o quarto dela e permite que ela participe da escolha da cor, isto é uma forma de autorização. Não significa que ela poderá pintar de preto se você achar ofensivo, mas quer dizer que vocês podem trabalhar juntas para encontrar uma cor que agrade a ambas. Autorizar que os nossos seres queridos tenham liberdade para se expressar, para resolver problemas de maneira a respeitar a sua sensibilidade e fazer escolhas que sejam diferentes das que seriam as nossas é autorizar.

Dizer a uma aluna de graduação que ela poderá escolher a sua pesquisa de tese significa que ela seguirá o seu próprio interesse e

não o seu, desde que o seu projeto produza resultados. Tive um excelente mentor. Quando surgi com uma idéia que era muito complicada, ele me apontou isso, dando-me um apoio honesto que me auxiliou a escolher um alvo melhor. No fim, a sua forma livre de orientar me levou a escolher um tópico exeqüível de pesquisa do meu gosto e não do dele. Abrir um campo para um empregado trabalhar as suas habilidades significa que você confia nele para realizar o trabalho sem que você paire sobre ele como uma pequena ave de rapina administradora. Quando as pessoas sentem a confiança da autorização, a competência e a criatividade têm espaço para crescer.

Quando proporcionamos os cinco As, na maior parte das vezes eles darão frutos. O retorno é menos sobre se as pessoas responderão a eles do que se você consegue penetrar no seu próprio estado de Ser ao oferecer um amor incondicional. Ao fazer do amor uma prática consciente, você se baseia firmemente na gentileza e expansibilidade de um coração aberto. A paz abre como uma flor na sua família, no seu local de trabalho e no mundo à sua volta.

Parte III

....

VOLTANDO PARA SI MESMA

....

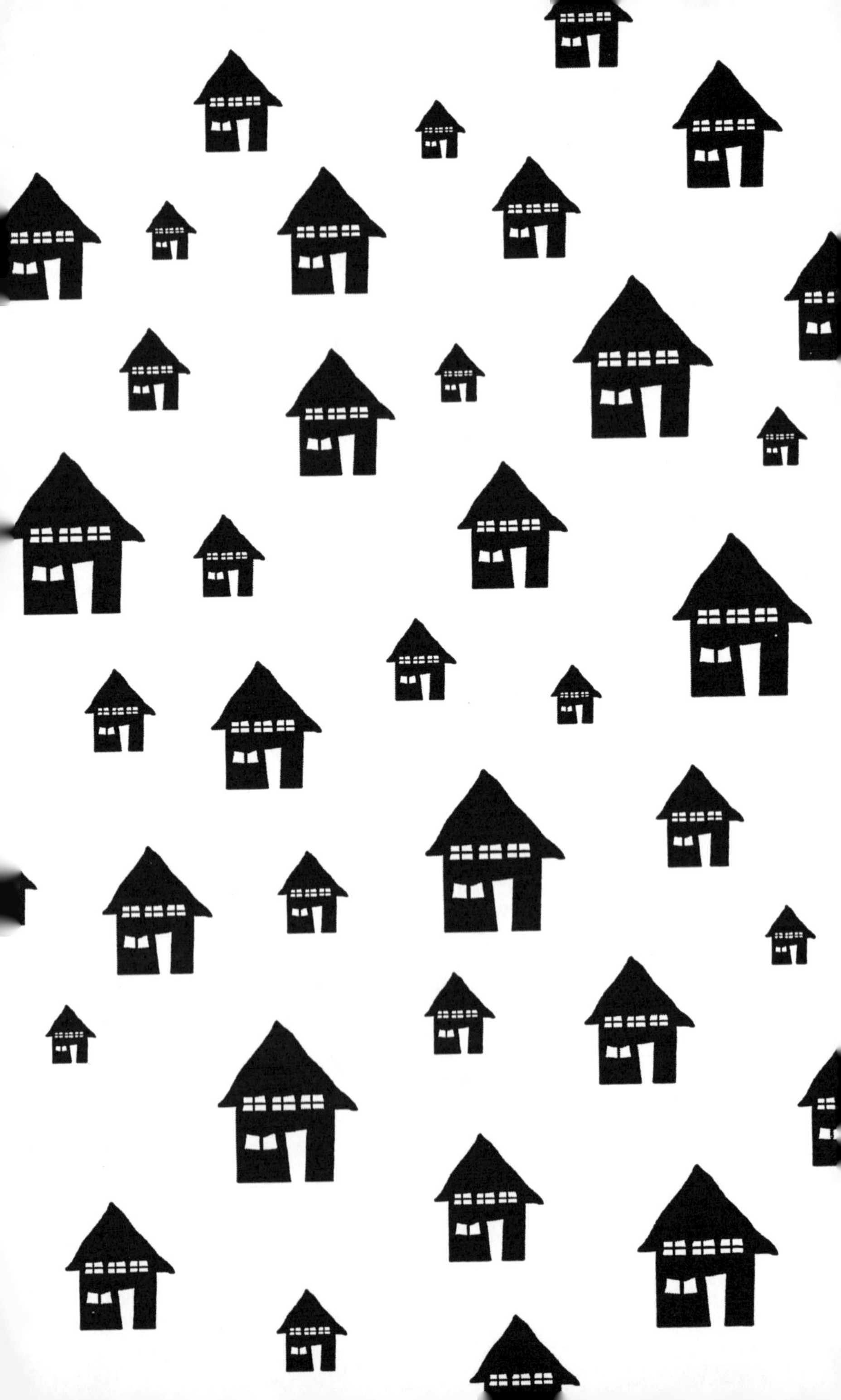

11

ACHADOS E PERDIDOS

Um dos meus livros de cabeceira é *The Pull of the Moon*, de Elizabeth Berg. É a história de Nan, uma mulher de meia-idade que sente como se tivesse se perdido de si mesma nos 25 anos de casamento e maternidade. Um dia Nan vê um diário e tem a idéia de que poderia comprá-lo e depois fugir de casa. Ela faz isso, movida pelo impulso do momento, iniciando uma viagem de carro de uma semana, o que é totalmente oposto ao seu caráter obsessivamente ligado às suas obrigações. O romance consiste de partes que se alternam escrevendo na estrada: notas no diário e cartas para o seu marido, Martin, que ficara em casa.

A primeira anotação no diário é acompanhada de uma figura de uma mulher nos seus 40 e poucos anos, sentada de modo afetado sobre um gramado, vestida com um terninho, chapéu e com a bolsa recatadamente no colo. Nan a cortou do jornal do domingo anterior porque a lembrou de como ela tinha se perdido com o passar dos anos. Como a mulher da foto, escreveu, ela esquecera do gramado. Lembrou-se da jovem mulher que fora um dia: "E não havia nenhum sentido do tempo. E não estava segurando a minha barriga e nem preocupada com o que a minha opinião significaria para os outros. Não me ressentia de nada em mim. Havia somente a riqueza da luz do sol, e o odor e o ligeiro ceder da terra sob os meus pés. A minha mente estava no meu coração, ancorada como uma pequena ave em um lugar seguro."[1]

Ocasionalmente leio essa passagem em workshops para mulheres. É um meio de aplainar o caminho que conduz à nossa aparente invulnerabilidade para o pequenino espaço interior dos suspiros profundos e lágrimas mornas. Se o lamento de Nan acertar o alvo do seu coração, poderá suscitar perguntas como: "É essa corrida atrás da profissão, essa competição em que se transformou a minha vida? Só existe essa responsabilidade interminável? Quando abrirei espaço em meu coração para aprender a viver no mundo

bi-dimensional das listas?" Essa insinuação de que nos deslocamos — ou pelo menos uma parte preciosa de nós — pode ser assustadora. Por isso *The Pull of the Moon* é tão poderoso. Em uma carta para o marido, Nan escreve como estariam sentados na cozinha, falando sobre os acontecimentos diários, enquanto dentro dela havia "um uivo tão assustador que eu não podia acreditar que os sons não vinham dos meus olhos, dos meus ouvidos, por baixo das minhas unhas..."[2]

Já senti este tipo de desespero silencioso. E, ao mesmo tempo, senti que a minha vida era abençoada, repleta de oportunidades e alegria, significado e amor. Ambos os sentimentos são saudáveis porque são realistas. A vida é um misto de experiência, e quando não existe equilíbrio, é direito nosso buscá-lo. Se você tem dificuldade para lembrar-se do cheiro da chuva no seu cabelo, da sensação da brisa no seu rosto, da beleza do céu estrelado ou de um toque que acalenta, você certamente se perdeu em uma vida enlouquecida e atarefada. Por outro lado, você não conseguirá fazer sempre malabarismos sobre um gramado macio. Algumas vezes as rosas emitirão sua fragrância enquanto você está em uma reunião do comitê ou assistindo ao recital de balé da sua filha.

Embora você possa aprender a permanecer atenta e presente enquanto lava a louça como uma criança dando saltos mortais na grama, quase todas as pessoas precisam de tempo para estar na natu-

reza. A natureza é verdadeiramente a terra mágica do equilíbrio, onde as forças primordiais nos trazem de volta para uma apreciação atenta da vida. Quando pergunto para as mulheres o que fazem para se centrar, buscar a natureza é a resposta mais freqüente. Mas quando as responsabilidades são muito pesadas a ponto de lhe impedir de fazer as coisas que lhe dão prazer ou que lhe reconectam com o seu ser verdadeiro, você pode perder a trilha do seu Ser. E, quando você se perde desta trilha, tudo fica mais difícil e mais cinzento.

Por exemplo, quando fico ocupada em excesso, a tendência é colocar os exercícios de lado. Isso não é difícil, porque não gosto de fazer exercícios. Mas, quando deixo de me exercitar por um bom tempo, o meu padrão de sono se deteriora. A privação do sono torna o ato de trabalhar mais difícil, e as coisas começam a se deteriorar. O meu ser super-responsável, perfeccionista, assume, e a sua voz chorosa insiste que tudo que faço não está suficientemente bom. A tensão muscular enrijece meu pescoço e meus ombros, e depois chega a enxaqueca. As enxaquecas são o meu calcanhar de Aquiles, o ponto fraco físico de que as minhas emoções se aproveitam para enviar as mensagens de "você se perdeu de você mesma".

Mas você pode se perder de você de maneira mais séria. Quando você se perde em um relacionamento doentio, ou em um

trabalho que a deixa encurralada, voltar para si mesma requer mais do que passar um tempo junto da natureza, fazer uma aula de ioga ou tomar um banho quente, criando um cenário de ajuste, ou aventurando-se em uma viagem de uma semana como a de Nan. Você terá que reunir coragem e tudo mais que for necessário para encontrar o centro que você perdeu.

Quando você se sentir assim, a sua vida interior estará gritando por atenção — seja por meio de emoções fortes ou de sintomas físicos. Uma crise de dor nas costas, problemas de estômago, dores de cabeça, uma doença auto-imune ou insônia podem ser o seu sistema de orientação intuitiva corporal enviando um sinal de que você abandonou alguma parte essencial de você. Os sintomas físicos raramente são casuais — quase sempre têm uma história para contar. Não estou dizendo que a sua mente e as suas emoções criam doenças, mas somente que elas com freqüência têm uma participação. Se você tem alguma fraqueza física — uma predisposição em algum sistema orgânico como eu tenho para as enxaquecas — os fatores emocionais podem acionar a doença. Na outra coluna, o equilíbrio que advém de sentir-se em casa em si mesma pode evitar que uma fraqueza se manifeste fisicamente.

Quando estamos à vontade em nós mesmas, harmonizadas com o nosso centro, sentimo-nos como Nan quando era inocente e livre das preocupações de uma vida atarefada. A sensação de que o nosso coração está "ancorado como um pássaro pousado em um lugar seguro" é transmitida pela paz interior. É uma sensação de chegar em casa. Independentemente de onde você esteja e do que está fazendo, este sentido de paz interior é como a Estrela Polar. Você pode tirar dela a sua orientação. Por isso é que práticas como certos exercícios, ioga, meditação, buscar a natureza e um acesso atento à vida são tão importantes. Elas mantêm a sua mente seguramente ancorada em seu coração.

12

ATENÇÃO: AS LUZES ESTÃO ACESAS E TEM ALGUÉM EM CASA

Você já ouviu a expressão "as luzes estão acesas, mas não há ninguém em casa?" Fazer amor enquanto mentalmente montamos a lista de compras pode ser eficiente, mas não é divertido. Se você não está "em casa" para aproveitar o ato de amor, a experiência do sexo é seca — tanto literalmente quanto figurativamente. Se está na praia com os amigos ou a família num domingo preocupada com os pensamentos sobre os encontros com os clientes na segunda-feira, momentos preciosos passam despercebidos. Aos poucos a vida passa e você começa a se perguntar onde esteve durante todo esse tempo.

Quanto mais ocupado é o dia, maior a probabilidade de você se transformar em um cometa no espaço zunindo pela galáxia com o piloto automático ligado. Você já dirigiu por uma auto-estrada e chegou ao seu destino sem notar como foi que chegou até lá? Essa é uma vida que imita um filme do Woody Allen. Você está dirigindo, o rádio está ligado, a pessoa ao seu lado está falando e alguma parte do seu cérebro inconscientemente administra todos esses estímulos que chegam sem realmente prestar a devida atenção a nenhum deles. Esse estado comum de falta de atenção é o tipo mais mundano de experiência fora do corpo.

A desatenção é como o sonambulismo. E quando você adormece no trabalho, você perde informações importantes. Você já voltou "de repente" e notou que o seu pescoço e seus ombros parecem rochas sólidas? Como isso aconteceu? Onde estava você quando a tensão começou a acumular? Se você desenvolver o saudável hábito de prestar atenção ao seu corpo várias vezes ao dia, você despertará e começará a notar os sinais que ele está enviando. Algumas vezes um alongamento é tudo de que você precisa para evitar que um dia passado diante de um computador ocasione dor de cabeça e rigidez no pescoço. Ou talvez você note uma ansiedade subjacente ou uma raiva que está criando a tensão. Então você poderá tomar providências e tratar da mensagem emocional.

A atenção plena é voltar para o momento presente, para o estado do Ser, para a paz da sua própria natureza verdadeira. O presente é o único lugar onde podemos viver, visto que o ontem já se foi e o futuro ainda não chegou. Meu amigo e colega Dr. Jon Kabat-Zinn, autor de *Full Catastrophe Living: Using the Wisdom of Your Body and Mind to Face Stress, Pain and Illness* e *Wherever You Go, There You Are: Mindfulness Meditation in Everyday Life* me ajudou a tornar a atenção plena um conceito conhecido. Ele a define como "um método de prestar atenção na sua vida, no seu propósito, no momento presente e sem julgamentos".[1]

A atenção plena é tanto uma prática formal de meditação como um modo de vida que começa a crescer organicamente além da prática. Todos temos a atenção plena em algum momento — não por determinação, mas porque a atenção plena é um estado normal da mente. É o local para o qual voltamos quando relaxamos e soltamos o pensamento. É um estado natural da mente que está presente ao que é sem julgar, interpretar ou resistir. Quando estamos nos divertindo, estamos percebendo a vida diretamente e não reagindo aos nossos pensamentos sobre o que está acontecendo. As luzes estão acesas... e nós estamos em casa. Estamos no centro, no Agora. Somos o Ser.

Uma das minhas atividades que requer atenção plena é esquiar na zona rural nos dias ensolarados de inverno. É um dos

pontos altos do nosso fabuloso clima do Colorado. A beleza da luz dançando sobre a neve fofa, o azul impressionante do céu, o calor penetrante do sol de inverno, o odor rico das árvores, o toque gentil do vento, o som aveludado do silêncio pontuado pelo deslizar dos esquis, a sensação dos músculos trabalhando junto com a respiração... aqui está a atenção plena. Aqui está a paz. Aqui está a mente em seu estado natural. A menos que uma mente ocupada e voltada para planejar, obcecada, avaliando e julgando estrague tudo.

A mente ocupada gosta de julgar, ela compara, critica, projeta e decide se algo é bom ou mau. O julgamento é uma habilidade positiva e necessária quando você é um contador dissertando sobre os números durante uma negociação, ou quando uma mãe está decidindo sobre a melhor dieta alimentar para os seus filhos. Mas se você está esquiando na zona rural e o julgamento começa a aparecer, o estado natural da mente desaparece e com ele vai a alegria.

Temos aqui o processo de pensamento no qual a juíza Joan pode descuidadamente entrar enquanto está fora para uma tarde de relaxamento: "Costumava esquiar mais rápido, mas estou ficando velha. É bom esquiar sozinha para que eu possa manter o meu próprio ritmo e não precisar me classificar como um caso geriátrico enquanto todos à volta passam zunindo. Os músculos do meu braço parecem ter enfraquecido. Quando olhei para mim no espelho esta manhã, pude ver a pele começando a formar pregas. Ufa! Pareço que sou avó de alguém. Bem, na verdade eu sou avó de alguém e a parte de cima das minhas pernas está parecendo meias caindo e os exercícios não ajudam. A causa são os genes ruins. É o lado Berkman da família. Estas mulheres têm as pernas como postes telefônicos. Beth é três anos mais velha do que eu e possui belas pernas..." E continua por aí. Os pensamentos criam outros que amortecem a proximidade da experiência. No julgamento desatento mergulho novamente adormecida na vida.

O Juiz é como o bobo da festa. Ele pode cantar o dia inteiro, contar histórias desagradáveis baseadas em dados familiares, preconceitos sociais e medos pessoais. Nenhuma das histórias torna a vida mais agradável ou funcional. São respostas condicionadas, como as dos cães de Pavlov quando salivavam em resposta ao ruído da campainha que sinalizava anteriormente o alimento. Se você estiver acostumada a criticar o seu corpo pelo padrão social de mulheres magras, de seios grandes, a Juíza começará com a sua litania crítica sempre que um pensamento tocar uma corda da campainha do corpo. E todos nós temos uma coleção surpreendente de campainhas desagradáveis que soam a qualquer momento.

Existe uma velha história sobre um homem que encontra uma lâmpada empoeirada ao lado da estrada. Ele a esfrega e surge um gênio. Mas ele consegue mais do que os três desejos usuais. O trato é que o gênio lhe dê tudo que ele desejar. Mas, se ele deixar de fazer pedidos, o gênio irado o comerá. Os gênios são rápidos, e antes que o dia termine, o homem está morando em uma bela mansão com companheira, comendo pratos especiais e sendo entretido por dançarinas. Mas ele não está mais fazendo pedidos, e corre perigo iminente de se transformar em jantar do gênio. Após uma rápida consulta com uma mulher sábia que mora no alto da montanha, ele faz com que o gênio finque um alto mastro fora da mansão. "Suba e desça pelo mastro", ordena ele. "Eu o chamarei quando precisar de você para alguma coisa."

O gênio é a sua mente. Ela é um belo servo, mas se sair do controle, certamente o engolirá. Subir e descer pelo mastro representa a sua inspiração e expiração. Você pode praticar uma meditação de atenção plena sentando-se em silêncio e notando as sensações associadas à entrada e saída do ar. Existem várias maneiras de fazer isto, e todas elas são boas. Uma das mais simples é notar que o ar que entra com a inspiração é frio, e o que sai pelas narinas é morno. Você não julga a respiração. Morno não é melhor do que frio. Uma respiração entrecortada não é melhor do que uma suave. A única coisa que importa é a sua consciência de cada momento da sensação do ar entrando e saindo. Quando os pensamentos surgirem, o que é comum, a instrução é dizer para

si mesma "pensando" e soltar os pensamentos e retornar a atenção para a respiração. Se você fizer isso por 20 minutos ou mais a cada dia, você começará a controlar a atenção na vida diária. Quando o Juiz aparecer, você dirá a ele para subir pelo mastro e o deixar livre para vivenciar o dom da vida plena.

13

MEDITAÇÃO E PAZ INTERIOR

A meditação é uma disciplina difícil. Se você acha que ela lhe trará uma paz instantânea, esqueça. O que testemunhará será um encontro face a face com todo o lixo que preenche o seu cérebro inquieto. A maioria das minhas meditações ainda combate a Juíza. A minha mente se acalmou após alguns anos de prática, mas ainda pode voar em poucos minutos. Com o passar do tempo, aprendi a reagir menos e a ceder mais espaço para os meus pensamentos. A idéia é deixá-los vir e ir embora sem julgar o seu desempenho ou tentar manter uma mente quieta. Quanto mais você tentar, mais a mente fica agitada.

Existe uma instrução para a meditação que compara a mente com um touro bravo. Ela ficará enlouquecida se você a prender em um cercado pequeno, mas se a levar para um pasto grande, ela se acalmará naturalmente. O grande pasto é uma atitude de curiosidade atenta. Não importa o que vai acontecer em seguida na meditação. Tudo é positivo. Tensão ou paz, alegria ou tristeza, aborrecimento ou excitação — são todos iguais. Não são inerentemente bons ou maus. São simplesmente o que está acontecendo no momento. Espere um minuto, ou mesmo alguns segundos e algo irá acontecer. Os pensamentos são impermanentes como nuvens.

Você conseguirá notar pensamentos e sentimentos mudando com a curiosidade franca de uma criança. "Ei, aqui eu tenho paz", ou "Lá vem perigo!" Sem julgamento, os pensamentos ficam menos pegajosos. Você poderá relaxar e notar como eles flutuam no céu azul da sua mente em estado natural. O céu é espaçoso. Não tenta agarrar as nuvens. E, mesmo que haja nuvens de tempestade passageiras, o céu no qual elas estão permanece pacífico. Essa é a atitude da vastidão do espaço, o grande pasto. A meditação está ligada à mudança da identificação de nuvens impermanentes para um repouso no céu espaçoso do qual elas provêm e no qual se desfarão novamente. O céu é o Ser puro, a experiência do agora. Quando você está lá, você está no seu centro.

Com o tempo, a vastidão do espaço é transmitida para a sua vida diária. Você tem vislumbres do seu centro, a mente natural, o estado de Ser com maior freqüência. Em vez de ver o mundo através de um véu de pensamentos, você o percebe diretamente, face a face. Nestes momentos preciosos do Agora, todo o seu ser se transforma em um grande e generoso Obrigado. Estes vislumbres espontâneos do Ser são o que me motiva a continuar com a meditação ou para retornar à prática novamente quando eu a abandono por um tempo.

Eu a convido a tentar um pequeno experimento. Deixe o seu corpo relaxar e focalize em algo que você já viu antes, como o seu telefone. Dedique realmente um tempo para olhá-lo, vendo os detalhes dele com atenção, como eles realmente são. A probabilidade é que você notará coisas nele que você nunca se deu conta antes. Os rótulos limitam a nossa experiência, de modo que não os vemos sob um novo olhar. Mais do que ver coisas, vivenciamos os nossos pensamentos sobre coisas e a proximidade da experiência desaparece. Quando estamos atentos, os rótulos se desfazem e nós nos abrimos para um mundo de surpresas e delícias. Voltamos novamente a ser crianças e as nossas mentes agradecem a vida com um grande Obrigado.

Temos agora um exemplo de um vislumbre do Ser e de gratidão, e a convido a se unir a ele mentalmente. Estou sentada em

minha acolhedora sala de visitas ao anoitecer, encantada pela magia que o cair da noite tece. A casa parece estar flutuando no ar — como uma nuvem mergulhada no tom róseo do pôr-do-sol, flutuando sobre as montanhas e grandes planícies que posso ver do lado de fora pelas janelas de vidro que vão do chão ao teto. Estou abrigada em uma cadeira por uma gruta formada por plantas em torno de uma estátua de Kwan Yin, a Bodhisattva chinesa da compaixão. Seus olhos suaves vêem o sofrimento do mundo. Também me sinto vista por ela, e desculpada pelos meus medos e dúvidas, pelas ausências zangadas de Deus e pelos meus fracassos e erros mundanos. Eu, que tantas vezes me senti como uma criança sem mãe, sou abraçada por um gentil oceano do amor materno. Uma paz e gratidão indescritíveis me percorrem.

Kairos, o tempo eterno, interage com *chronos*, o tempo marcado, quando as luzes mudam no amanhecer e no anoitecer. Se você prestar atenção, poderá sentir essa interação em seu coração, uma sensação quase agudamente adocicada de amor permanente e profunda quietude. Quase todas as tradições espirituais honram a santidade destes dois momentos de transição do dia, quando ficamos no limiar onde os dois mundos se tocam. É o momento para orar. Penso no místico cristão Meister Eckhart, que disse que se somente a única oração que você disser em toda a sua vida for um "muito obrigada", já seria suficiente. Então, agradeço quando

me sento à luz cambiante do entardecer — não porque é uma boa idéia, mas porque ela salta espontaneamente do meu coração. Um coração espontâneo e livre assim não pode ser controlado ou interrompido. É uma graça, um ato espontâneo de generosidade da e para a vida.

As *baruchas* judaicas, preces do preceito de gratidão, viajam do meu coração para a minha língua quando me sento em silêncio no avançar do entardecer. Meus lábios se movem na antiga dança de louvor que meus ancestrais recitavam no curto e poderoso entardecer do deserto: "Abençoado sejais Vós, Criador do Universo, que com Vossa Palavra trazei o entardecer, Aquele que com sabedoria abre os portões."

E a escuridão aumenta, acendo as luzes, contente em me demorar no limiar onde esta súbita gratidão desabrochou tão luminosa como um girassol. O agradecimento desceu sobre mim como o maná. O pensamento pára substituído pela quietude. Mas não desapareço. Uma parte mais profunda de mim vê o mundo de uma nova forma. Não existe auto-crítica ou o desejo de que alguma coisa fosse diferente. Tudo brilha. Voltei para casa, para mim.

Fui agraciada naquela tarde com um estado de mente que é raro para mim, porém instantaneamente reconhecível como o Ser. Estou em minha natureza búdica, e é um banquete. Não perco tempo e nem estrago a experiência achando que aquele estado mental irá perdurar. Sei que não ficará, então aproveito a festa enquanto ele está ali. Escrevi tantas vezes sobre o *fazer* contra o *Ser*. Finalmente sou o Ser. Sou um Ser... humano.

Após uma hora ou mais, a lua cheia já surgiu, lançando a sua luz prateada sobre a neve recém-caída. Pego uma tigela de arroz e sal que uma amiga chinesa budista me ensinou como jogar nos quatro cantos da sala na lua cheia. Alimentei os espíritos. Alimentei a minha alma. Purifico a minha casa e regozijei ao ser purificada.

Mais tarde, quando voltei para o meu estado típico de fazer, ponderei sobre a experiência do Ser. Lembrei-me dos ensinamentos do Padre Thomas Keating, um dos pioneiros do movimento de oração contemplativa e de centralização dentro da Igreja Católica. Espero que a minha explicação faça justiça à sabedoria dos seus ensinamentos. Ele diz que nós meditamos na esperança de ter uma experiência como a que descrevi. Tornar-se um recipiente de pura consciência e deixar o ego para trás nos torna unas com o Divino Ser Amado. Mais do que ter uma experiência desta graça, esperamos que a prática da meditação nos auxilie a entrar em um estado duradouro de profunda paz interior e união com Deus.

Mas em grande parte a meditação é uma disciplina árdua, com o seu estado paradoxal de fazer. A intenção da forma de

meditação da prece de centralização que Keating ensina é focalizar em uma palavra sagrada. Não é a palavra em si que é sagrada, diz Padre Keating, em seu clássico *Open Mind, Open Heart: The Contemplative Dimension of the Gospel.* A palavra ou palavras que escolhemos — o nosso mantra, se você preferir — é uma frase da nossa intenção, um símbolo da nossa vontade de soltar o pensamento e manter o nosso coração aberto para Deus. Se você já dedicou algum tempo para a meditação, você sabe como é difícil manter uma intenção firme. Talvez o foco permaneça por 15 ou 30 segundos, e depois a sua mente divaga. Você tem coisas para fazer, medos e preocupações para resolver. Um som externo a lembra que o jardim precisa ser varrido, e uma lista das tarefas invade a sua meditação. Você nota que as suas calças estão apertadas, e todos os pensamentos sobre gordura entram no desfile. Isso não importa, diz Keating. Você deve se manter trazendo a mente de volta para a palavra sagrada, a sua palavra de oração, com a gentileza de uma pena sobre um pedaço de algodão. Os frutos da meditação podem ou não ser sentidos durante o tempo em que você estiver sentada meditando. Talvez, ensina Padre Keating, você estará andando em um supermercado, escrevendo um trabalho, brincando com seu filho, ou sentada sozinha ao entardecer e a sua prática de repente produzirá os frutos. Eu senti naquele anoitecer que um coração

agradecido me pegou de surpresa. Como uma árvore cujas flores de primavera se abrem nos galhos nus, a energia invisível da longa prática repentinamente irrompe em você.

A minha prática de meditação tem sido intermitente durante esses anos. Algumas vezes ela aumenta e em outras quase desaparece. Descobri que o mesmo acontece com várias outras pessoas. Porém, a intenção que me faz voltar para a prática, embora seja difícil, é a plena atenção. Desejo sair do transe da vida diária e me descobrir presente no Agora. Como a minha experiência com a Luz na morte da minha mãe, também desejo voltar àquele estado de Divina União. Se você é espiritualista ou religiosa, cristã ou judia, budista ou muçulmana, existe uma prática de meditação para você. (Você encontrará uma descrição de uma dúzia de práticas diferentes no meu website: www.joanborysenko.com. Eu também fiz uma gravação de várias destas meditações para lhe auxiliar a estabelecer a prática — essas fitas e CDs também estão disponíveis no meu website.)

A paz é possível. Essa é a intenção por trás de qualquer prática de meditação, qualquer que seja o sistema de crença que a ensine, ou a linhagem que a sustente. Se a prática for secular para baixar a sua pressão sangüínea ou aliviar o seu estresse, uma prática de conscientização para a trazer de volta para a natureza verdadeira da mente, ou uma prática religiosa que vise à União Divina,

o resultado é uma sensação de paz que você poderá levar para este mundo agitado. A meditação é como uma âncora que evita que as tempestades da vida lhe tirem do seu caminho. Vale o esforço, mesmo quando você pensar que tudo o que está fazendo é rever as suas ansiedades.

14

TRANSIÇÃO: SOLTAR E SEGUIR OS SINAIS

Um grupo de seis mulheres mais velhas, com idades entre 60 e 83, sentaram-se em círculo num retiro para mulheres onde eu era a orientadora. Outras 50 de nós nos sentamos em volta delas. Elas estavam partilhando a sua sabedoria conosco, uma rara oportunidade de ouvirmos as mais velhas. A senhora de 83 anos disse: "Ouço várias de vocês falando que estão na transição, como se fosse algo incomum. Bem, não é. Quando vocês chegarem à minha idade compreenderão que estão sempre em transição. Nada permanece igual. Tudo muda. E porque muda, são vários os momentos em que você não sabe o que acontecerá em seguida. Você não está no controle. Não planejou a transição e não sabe para onde ela está indo. O que temos a fazer quando isso acontece é concentrar naquilo que você deve soltar. Sei que soa como algo já ouvido antes. O esperado é que estabeleçamos os objetivos para partirmos em busca deles. Mas só podemos nos abrir para o novo quando estamos prontas para soltar o antigo."

Existe uma história muito apreciada sobre um professor de universidade que procurou um monge zen-budista para receber ensinamentos. O monge despejou chá para ele e, quando a xícara ficou cheia, continuou a verter o chá, que começou a derramar sobre a mesa. Quando o admirado professor perguntou por que ele estava fazendo aquilo, o monge respondeu que a xícara era como a mente do professor. Ele não poderia colocar mais porque a xícara já estava cheia. Se o professor quisesse aprender, ele primeiro teria que se esvaziar.

Existe um número infinito de maneiras de esvaziar e soltar o antigo. Alguns são diretos e outros metafóricos. Porém, mesmo quando o esvaziar é metafórico, ele limpa a energia que está agarrada, abrindo novos acessos de pensamento e ação. Quando estava saindo do meu casamento, me abri para mudar limpando o espaço à minha volta. Tendo vivido na minha casa eclética nas montanhas por vários anos, fui repentinamente apossada por uma

necessidade de renovar o espaço. Desenvolvi um vício CJT (Casa & Jardim & Televisão), mergulhando nele a cada oportunidade. As possibilidades intermináveis para criar um novo espaço pareciam totalmente energizantes. Se ainda não conseguia me desligar do meu casamento, pelo menos poderia sair da confusão e criar uma nova atmosfera para viver.

Adorava andar entre caixas antigas e gavetas abertas e jogar coisas fora. Descobrir novos locais para os móveis, as roupas e os detalhes que eu adorara mas que agora me lembravam de tempos passados, era como uma grande renovação. Nem podia acreditar como me sentia leve. Quanto mais leve, mais energia eu tinha. Estava galvanizada, envolvida pelo processo de desnudar as paredes e os azulejos do chão com uma marreta. Mesmo quando a casa ficou escondida sobre um monte de escombros, alguma coisa que estava aprisionada dentro de mim começou a cantar. Minha casa agora estava cálida e convidativa, livre da desordem. Estava espaçosa e relaxante. A minha psique entrou em um processo paralelo quando me livrei das atitudes antigas e velhas histórias sobre a minha vida que criaram sofrimento.

A remodelação foi mais do que uma recuperação dos espaços exteriores — foi uma remodelação do espaço da minha alma interior. Eu estava voltando para casa, para mim, retirando uma pele grossa que repentinamente se rompera. Soltar o antigo pode ser difícil, mesmo que você acredite que uma pele nova esteja se formando de modo invisível logo abaixo da superfície da sua vida antiga. Refazer uma casa é uma grande metáfora para o processo. Quando a sua casa está desfeita durante uma renovação, pelo menos você sabe que algo mais belo e mais funcional nascerá. O caos é um prelúdio necessário para a transformação.

Sempre haverá épocas de caos, transição e renascimento em sua vida. O crescimento não é um processo linear. Ele colide com ajustes e começos. Você cai em buracos ocasionais e tem que se içar de volta. Partes de você se perdem e você terá que encontrá-las novamente. Esse é o drama da vida, a matéria para o crescimento. Cooperar com a mudança e permanecer aberta para o processo é a maneira de a psique e a alma crescerem em sabedoria. Se você estiver atravessando uma transição no trabalho ou em uma relação, ou uma crise de saúde, financeira ou emocional, o esfacelar do que você era deve ceder espaço para o que você está se tornando.

Seguindo os Sinais

Bem, você já fez espaço para o novo ao soltar o antigo. Mas como chegar no próximo ponto da sua jornada, e como reconhecê-lo quando ele surgir? Em primeiro lugar, você precisa ter paciência.

E a paciência é a única maneira pacífica de soltar. Mas nesta nossa cultura, quando dizemos paciência, muitas vezes queremos dizer impaciência levada ao seu limite. Estamos mastigando os pedaços para prosseguir, tão ansiosas para que o próximo capítulo da vida se desdobre que não conseguimos enfrentar o espaço transacional onde estamos. Esse espaço é como um pequeno repouso entre uma inspiração e a expiração. Ele nos traz a oportunidade para parar e refletir, para centralizar. E, se fizermos isso, poderemos reconhecer com mais facilidade os sinais que inevitavelmente chegarão para nos guiar para onde estamos indo.

Quando estamos na transição, é como uma pequena morte. Quem somos está morto, mas ainda não renascemos para quem seremos. Entramos em um tipo de limbo que a minha sábia amiga Janet Quinn chama de "local entre o não e o ainda não". A maioria de nós não gosta deste lugar. Parece assustador, como se estivéssemos perdidas. E quanto mais lutamos para encontrar a saída, mais difícil as coisas se apresentam. É como cair na areia movediça — quanto mais você luta, mais você afunda. Se conseguir relaxar e se concentrar para encontrar o seu centro, após um tempo você sentirá a nova energia chegando. Pequenos sinais surgirão e atrairão a sua atenção, e você começará a caminhar para fora deste espaço transitório em direção a um novo futuro.

Quase sempre há sinais ao longo da estrada quando a sua alma está pronta para a próxima extensão da caminhada. Mas quando você está na transição, especialmente quando se sente assustada ou aprisionada ao seu destino, você os ignorará. Existe uma cena especial no filme de 1983 de Steve Martin, *O médico erótico*. Martin se sente enfeitiçado por uma mulher horrível chamada Dolores que logo ele descobrirá que atormenta os homens de maneira desprezível. Ele fica de pé diante do retrato da sua esposa falecida e pede a ela que lhe dê um sinal se existir algo de errado neste amor por Dolores. Um vento forte acompanhado de um raio e um trovão varre a sala. O retrato da esposa grita: “Não, não, nããão!” e começa a girar batendo nos *spots* nas paredes, que então quebram com grande estrondo. Quando o tufão termina, Martin olha para o retrato quebrado na parede destroçada e repete calmamente o seu pedido para que ela lhe envie um sinal se houver algo errado. Ele termina prometendo solenemente procurar pelos sinais, nem que seja um bem pequeno. Enquanto isso, ele tira o retrato e o guarda dentro do armário.

Se você não quiser saber se a estrada fora da sua transição é a errada, você não verá os sinais. Em vez de prosseguir e se entregar aos mistérios que se desenrolam da vida, a sua vontade faz o caminho. Sei do que estou falando — impaciente por ter de volta a minha vida em ordem, muitas vezes ignorei os sinais durante as transições, e mais tarde desejei ter prestado atenção a eles. Mas sei também que é fácil extrapolar e interpretar tudo como um sinal. Simplesmente saiba que se a sua alma desejar realmente falar com você, ela não desistirá após uma tentativa. Você receberá sinais repetidos que podem lhe encorajar ou desencorajar a prosseguir em uma determinada direção.

O psiquiatra suíço C.G. Jung escreveu sobre um tipo de sinal que chamou de "sincronicidade". Uma sincronicidade é mais do que uma coincidência. É uma convergência estranha, superdimensionada quando um tema da sua vida interior aparece na sua vida exterior. Por exemplo, digamos que você está considerando conseguir um novo emprego. Você entra no elevador após o seu trabalho e as pessoas ali estão conversando sobre uma convenção sobre bens imobiliários à qual irão. Você sai para a rua e nota um anúncio em uma janela sobre um curso relâmpago de cinco dias para ser agente imobiliário. Você chega em casa e o senhorio lhe procura dizendo que os condôminos do andar de cima precisarão se mudar para uma outra cidade. Você conheceria alguém que desejasse alugar ou comprar a propriedade? Cada pequena sincronicidade faz com que os cabelos da sua cabeça fiquem eriçados, e você começa a pensar sobre bens imobiliários como o alvo da sua próxima carreira.

A orientação do seu mundo interior aparece a cada dia de formas sutis — sonhos, sincronicidades, pressentimentos, ou um livro que cai da prateleira, um programa de televisão e até nas palavras de um bebê. Recebo muita orientação por meio de sonhos, mas quando fico muito ocupada e salto da cama de manhã, meus sonhos geralmente se dissipam antes que me aperceba. Se me esforçar para ficar na cama por alguns minutos, muitas vezes consigo uma pista deles. Permaneço mais alguns minutos para dar um título ao sonho e depois anoto em meu diário e tenho uma janela aberta para a orientação interior. Dou uma atenção especial aos sonhos quando estou em transição e preciso de orientação.

Tive um sonho no fim da década de 1980 sobre um frasco de nitroglicerina no bolso superior esquerdo do meu blazer. Ele irradiava calor e perigo. Felizmente, eu estava em um hospital e uma enfermeira despejou cuidadosamente o explosivo em um ralo limpando depois com água. Ficamos ambas aliviadas porque o desastre tinha sido evitado. Quando despertei, pude me lembrar vividamente do sonho, e ainda senti o calor no meu peito onde o frasco de nitroglicerina tinha estado.

O sonho era tão preocupante que tive medo de estar com câncer de seio. Não senti nenhum caroço, mas decidi consultar um cirurgião de tórax que já tinha feito uma biópsia do meu outro seio. O exame foi negativo, e ele me despediu como se faz com

uma neurótica preocupada. Vários meses mais tarde, durante a mamografia anual, o radiologista prestou atenção a um aglomerado de calcificações no meu seio esquerdo. Tive a escolha de fazer uma biópsia ou esperar para ver o que aconteceria. Lembrando-me do sonho, escolhi a biópsia. Ele revelou células pré-cancerígenas prontas a se tornarem um câncer. A nitroglicerina em perigo de explodir que tinha sido despejada no ralo no sonho no hospital era estranhamente similar ao que tinha acontecido na fase de vigília da vida. Felizmente, prestei atenção ao sinal.

A conexão com a sua orientação interior acontece organicamente quando você sente uma forte intenção para agir de determinada maneira. A intenção focaliza a atenção. Mas, quanto mais ocupadas ficamos, maior a facilidade com que ela passa pela superfície da vida e a orientação da alma permaneçe sem ser observada ou seja ignorada.

Por isso, dedique alguns minutos a pensar sobre o que a harmonização com essa orientação significará para você. Recordar os sonhos, pressentimentos e sincronicidade a ajudarão a prestar mais atenção à orientação interna. Se agir de acordo com o que ela lhe revela, as transições provavelmente lhe conduzirão mais para o seu centro, para uma vida vivida de acordo com a sua alma, em vez de você trilhar por rumos sem saída ou por territórios perigosos.

Parte IV

. . . .

CAINDO NA REAL: PRATICIDADES NECESSÁRIAS

. . . .

15

INSÔNIA NOS ESTADOS UNIDOS

Participei de um diálogo informal com Sua Santidade o XIV Dalai Lama na cidade de Trento, Itália, no verão de 2001. Um dos participantes, um ocupado ministro, fez uma pergunta sincera sobre como poderia ser um líder espiritual mais eficaz. Sua Santidade sorriu e respondeu: "Durma mais." Várias cabeças concordaram com o sábio, inclusive eu, passando pela menopausa e ocasionalmente insone.

Se você não dormir o suficiente, será difícil ser gentil, manter as suas prioridades e simplesmente continuar com tudo. Sim, em uma sociedade onde se dorme sete das 24 horas do dia, onde podemos pedir tudo, de roupas íntimas a barracas, por intermédio de computadores no meio da noite. a insônia está se tornando habitual. Tem sido citada como o problema de saúde número um. Estamos dormindo, segundo especialistas, 20% a menos do que os nossos semelhantes há cem anos. Não se trata de algo extraordinário. Eles não ficavam tentados a verificar a sua caixa de mensagens no meio da noite quando levantavam para tomar um gole de água ou ir ao banheiro.

Pessoas ocupadas, dizem os pesquisadores, tendem a obter mais tempo para trabalhar dormindo menos. Fiz isso quando havia prazos a cumprir, e lidei bem com isso por alguns dias... mas depois desmoronei. Muito fatigada para conseguir raciocinar direito, e me sentindo irritada e infeliz, perdi o meu centro e me tornei mais um ser na terrível estatística dos anais da privação do sono e prejuízo no desempenho. Tenho amigas que se vangloriam por dormir pouco. Isso lhes empresta uma aura de um tipo perverso de orgulho: "Vê como sou ocupada? Devo ser realmente importante." Talvez. Mas sei que ambos, seu trabalho e sua família, sofrem quando o sono é sacrificado pelo bem dos negócios. Os que dormem menos de seis horas por noite morrem mais cedo do que aqueles que dormem sete horas ou mais.

O Custo da Insônia

Segundo um levantamento da Fundação Nacional do Sono em Washington, D.C., 40% dos americanos estão tão sonolentos durante o dia que não conseguem trabalhar de modo eficiente. Fico sempre surpresa ao constatar que em livros de equilíbrio e eficiência o sono é raramente mencionado. Sem uma quantidade suficiente de sono, todas as dicas organizacionais do mundo se tornam essencialmente inúteis. Se você está esgotado, é difícil até programar o seu *Palm Top* ou colocar o despertador na hora certa. Livrar-se da bagunça ou congelar alguns pratos para o jantar da próxima semana são prioridades menores quando você está cochilando em cima da sua sopa, como o Presidente Bush anterior fez uma vez durante uma visita ao Japão.

Um estudo publicado no *Journal of Occupational Health and Environmental Medicine* (Jornal de Saúde Ocupacional e Medicina Ambiental) britânico reportou que os efeitos da privação do sono são semelhantes aos da embriaguez. Dormir menos de seis horas pode afetar a memória, a coordenação, o tempo de reação e o julgamento. Motoristas que ficaram acordados por 17 a 19 horas tiveram um desempenho pior do que pessoas cujos níveis alcoólicos eram superiores a 0,05%, o que os qualifica como um

motorista bêbado na maioria dos países europeus. Na América, 62% dos pesquisados confessaram se sentirem ocasionalmente sonolentos ao dirigir, e 27% admitiram realmente adormecer atrás do volante em algum momento no ano em que foram pesquisados. Sem dúvida, 100 mil acidentes de carro são atribuídos à fadiga.

A Fundação Nacional do Sono dos Estados Unidos estima que a falta de sono custa anualmente US$18 bilhões em perda de produtividade. Se adicionarmos os custos ligados à saúde dos empregados e acidentes e erros na indústria, a taxa será ainda mais elevada. Muitos acidentes industriais estão relacionados à fadiga. Os citados com mais freqüência são os acidentes em Chernobyl e Three-Mile Island, o desastre do *Challenger* e o derramamento de óleo em Exxon Valdez. Mais da metade dos trabalhadores pesquisados (51%) admitiu que a sonolência no trabalho diminuía a cota que podiam realizar e a qualidade do que faziam. Fiquei surpresa com o fato de que, quando se pedia aos trabalhadores que fizessem uma estimativa da percentagem que a sonolência afetava o trabalho deles, a resposta média foi que a competência ficava reduzida em 30%.

Se todas essas estatísticas não fossem suficientes para tornar o seu sono uma prioridade, considere este fato: a falta de sono engorda. Ela provoca intolerância à glucose, aumenta o apetite e diminui o metabolismo. Estas alterações também aumentam o seu risco de desenvolver uma diabete tipo II, ou não dependente de insulina.

Qual a Quantidade Suficiente de Sono?

De quantas horas de sono você precisa? O suficiente, dizem os especialistas, para que você se sinta relaxado no dia seguinte. Thomas Edison, apesar do fato de ter inventado a lâmpada elétrica, dormia dez horas por dia — seis horas à noite e dois cochilos de duas horas cada. Eu preciso de cerca de sete horas de sono para me sentir repousada, mas até entrar na menopausa precisava de oito ou nove. E a maioria das pessoas precisa de sete a nove horas para funcionar bem. O problema é que várias de nós fazem do sono uma prioridade menor, acreditando erroneamente que seis horas são suficientes, ou achando que conseguiremos compensar o sono perdido durante o fim de semana. Não podemos. O que foi perdido, está perdido, e os efeitos da privação do sono são cumulativos.

Não surpreende o fato de as mulheres se queixarem de sonolência e fadiga com mais freqüência do que os homens. As mulheres ainda assumem a maior parte do serviço da casa e as obrigações com os filhos, mesmo quando estão casadas, e ambos, ela e o marido, trabalham fora. Mulheres com filhos com menos de 18 anos são as que dormem menos. Qualquer mãe sabe que o seu cérebro vem equipado com um alarme intuitivo que dispara

quando os filhos estão agitados. Alimentar e acalmar os bebês e atender os filhos mais velhos que acordam durante a noite — sem mencionar a espera pelos filhos adolescentes que ficam fora de casa até tarde — pode reduzir um tempo valioso de sono. Em média, adultos com filhos dormem 6,7 horas por noite comparados aos que não têm filhos, cuja média é de 7,2 horas.

Como Conseguirei Dormir Mais?

Existem várias razões pelas quais as pessoas não conseguem dormir o suficiente. Tirar de um santo para pagar ao outro na esperança de ter mais horas disponíveis no dia é a principal delas. Mas, o que dizer daquelas noites em que você vai para a cama com a intenção de dormir e fica contando as suas ansiedades em vez dos carneirinhos? Cerca de 10% dos americanos têm insônia crônica, e outros 50% possuem problemas de sono intermitente. Sem contar com problemas médicos, que deveriam sempre vir em primeiro lugar, as causas mais comuns de insônia são a depressão e o estresse. As clínicas de sono estão lotadas em cidades por todo o país, e um grande estudo mostrou que um programa de oito semanas de sono era mais eficaz na cura do sono do que comprimidos para dormir.

O que essas clínicas do sono ensinam? Embora os currículos variem, a redução do estresse e as habilidades para relaxar são os componentes principais. Aprender como retornar para o seu centro lhe permite soltar os pensamentos obsessivos, reduz a tensão muscular e voltar para o momento presente para que o sono chegue naturalmente. O bom senso também pode lhe auxiliar a dormir. Eliminar estimulantes como a cafeína e a nicotina é uma estratégia óbvia. Ver televisão e até mesmo ler podem agir como estimulantes. Se você utiliza a sua cama como seu escritório, desista disto. Trabalhar, comer e outras atividades, além de dormir e fazer sexo na sua cama podem criar um padrão crônico de falta de sono. E cochilos, além de rejuvenescerem, devem ser limitados a 30 minutos ou menos. Barulhos externos, luzes (até no relógio), animais de estimação ou crianças que pulam sobre você, ou um quarto muito quente, são fontes óbvias de problemas.

Quando dirigi uma clínica de desordens ligadas ao estresse, a minha sugestão foi que os pacientes fossem se deitar, dissessem suas orações (se isso fizesse parte da sua prática), depois fizessem um exercício de relaxamento muscular progressivo, começando com os músculos da cabeça e depois descendo até os pés. Se ainda permanecessem acordados no fim do relaxamento, seria um momento perfeito para meditar. Os especialistas concordam que, se você não adormecer em 20 minutos, é melhor levantar e fazer algo

relaxante, como tomar um banho quente ou uma xícara de um chá de ervas ou um copo de leite morno. Algumas pessoas adormecem com facilidade, mas depois acordam no meio da noite ou de manhã bem cedo. O relaxamento e a meditação são práticas excelentes também para esses momentos.

16

ENTRANDO EM COLAPSO?

O seu chefe acabou de lhe designar para melhorar o serviço de atendimento a clientes. Um ano atrás teria parecido fascinante e desafiador, e até divertido. Agora cai em algum lugar dentro do contínuo entre um trabalho enfadonho e uma punição. Você já tem tantas atribuições e o telefone não pára de tocar. Esta tarde haverá a partida de fim de ano do time da liga de seu filho, e seria muito bom para ele que você fosse. Mas você tem 15 ligações para retornar, a maioria delas de clientes com queixas. Os idiotas. Você costumava ser eficiente ao telefone. Os clientes a adoravam e lhe davam avaliações entusiasmadas. Agora você gostaria de tê-los como almoço. Você está um pouco surpresa por ter se tornado tão insensível. O que aconteceu com a sua inocência, o seu idealismo, o seu desejo sincero de fazer a diferença?

É hora do almoço, e alguns amigos desejam ir a um bom restaurante italiano mais abaixo na mesma rua. Você não está com disposição, então prefere um sanduíche comprado pronto, almoçando sentada em sua própria sala, alternando as dentadas com a leitura de uma revista e fitando o espaço. A sua energia está baixa e o seu estômago dói. Você tem se sentido adoentada algumas vezes nos últimos tempos e está começando a se preocupar de que haja um câncer crescendo em algum lugar. Na verdade, você está preocupada com tudo. A firma está dispensando funcionários, e você poderá ser a próxima. As crianças não vão bem na escola, e você se sente culpada por não poder ficar mais perto para orientá-las. Você fecha a porta da sua sala, apóia a cabeça sobre a mesa e chora. O que está acontecendo afinal?

Situações de trabalho em que você lida com as necessidades de pessoas e nas quais é esperado que você mantenha um alto desempenho, em que as demandas são constantes e você se sente isolada e sem fazer parte de uma equipe, são um gatilho para uma explosão. Se a filosofia da companhia na qual você trabalha segue uma linha dura, então qualquer desejo de diminuir o ritmo e

colocar um equilíbrio em sua vida será provavelmente visto como um sinal de fraqueza. Existe uma lista muito boa do MIT na Internet que cita 12 pontos para prevenção e recuperação de uma explosão deste tipo.[1] O autor do estudo lista estratégias sábias para o equilíbrio, tais como ouvir a sabedoria do seu corpo, evitar o isolamento, não aceitar circunstâncias abusivas, aprender a dizer não, acabar com padrões de excesso de cuidado, aprender a delegar, esclarecer e seguir as prioridades na vida, cuidar do seu corpo, soltar as preocupações, pacificar-se e manter o seu senso de humor.

Porém, por trás de cada recomendação existe um embuste chamado "visão do MIT". Temos dois exemplos: "PARE DE NEGAR. Ouça a sabedoria do seu corpo. Comece admitindo livremente os estresses e as pressões que se manifestaram fisicamente, mentalmente ou emocionalmente. *Visão do MIT*: Trabalhe até que a dor a force a ponto da inconsciência." Ou "APRENDA A DIZER NÃO. Você pode ajudar a diminuir a intensidade falando consigo mesma. Isto significa recusar pedidos ou exigências adicionais ao seu tempo ou emoções. *Visão do MIT*: Nunca diga não a nada. Isto revela fraqueza e diminui o volume de pesquisa. Nunca adie para amanhã o que você pode fazer hoje à noite."

Sintomas do Colapso

Nos últimos anos, profissionais da área da saúde têm prestado atenção cada vez mais às explosões. O termo foi originalmente utilizado para caracterizar uma perda de idealismo e para os sentimentos de desânimo que ocasionalmente afligem os profissionais de serviços que lidam com seres humanos. Estes indivíduos iniciam em sua profissão com um desejo sincero de fazer do mundo um lugar melhor, mas ficam desgastados pelas realidades de burocracias que não funcionam, clientes que exigem demais ou que não desejam mudar e por uma falta de apreciação dos seus esforços. Estes altruístas esgotados, que eram motivados pela esperança de fazer um trabalho significativo, tornam-se cínicos, apáticos e exaustos. Perdem o senso de humor; sentem-se paralisados quanto a possibilidade de fazer mudanças importantes e se isolam, afastando-se de colegas e de clientes.

A maioria das mulheres, que trabalha ou não com pessoas, preenche essas exigências por virtude ou por pertencer ao sexo feminino. Uma vida cuidando de pessoas e com freqüência ignorando as suas próprias necessidades pode levar a uma explosão, não importa qual seja o seu ganha-pão. Uma explosão é sempre dolorosa porque na verdade é uma perda da inocência. Sentir o seu coração se fechando é uma fonte incrível de mágoa. Algumas

pessoas lidam com a dor ficando insensíveis ou se zangando. Outras se anestesiam com álcool ou com drogas.

Pessoas que já entraram em colapso apresentam três vezes mais doenças do que as que se sentem mais equilibradas. Dores de cabeça, dores nas costas, problemas de estômago, infecções e problemas auto-imunes tornam-se mais freqüentes. Quando uma explosão apaga a sua chama interna, a vida se torna enfadonha. Você quase não consegue realizar partes do seu trabalho que antes lhe eram prazerosas. Você se lembra de Sísifo da mitologia grega? Ele foi punido pelos deuses tendo que colocar uma grande pedra no alto de uma montanha todos os dias somente para vê-la rolar ladeira abaixo todas as noites. É desta forma que se cria um colapso.

O Que Conduz a um Colapso?

Um dos principais fatores que conduzem a um colapso é o excesso de carga — ter mais para fazer do que é possível realizar. Você não precisa ser um acompanhante trabalhando sob o jugo de um administrador para passar por isso. Qualquer mulher que tenta equilibrar trabalho e família, tentando realizar em 24 horas o que é humanamente impossível, é uma potencial candidata. Quando

existe um estresse adicionado à situação, simplesmente não existe uma margem de tolerância com a qual trabalhar. Você já está no seu limite físico e emocional. E a explosão passa a ser um meio para conseguir um tempo. Por isso é tão importante ter um tempo livre em sua vida. Então, quando as emergências se apresentam, ou os prazos na sua companhia aumentam a sua carga de trabalho, você terá um espaço para respirar.

O psicólogo William Cone cita a falta de reconhecimento profissional como um outro fator da explosão. Ele escreve: "Algumas empresas acham que pagar os funcionários pelo seu esforço é recompensa suficiente. Contudo, as pesquisas mostram que o dinheiro nunca foi o motivador principal no trabalho. Um dos meus clientes me disse uma vez: 'Se o dinheiro fosse a minha única preocupação, eu seria um homem de sucesso. O pagamento é bom, o horário é bom, e se os meus clientes morrerem, eu me sentirei bem-sucedido'."[2] Temos as mesmas necessidades de sermos apreciados e reconhecidos em nossas vidas pessoais. Ganhar dinheiro para a família e não ter esse esforço notado ou apreciado é o primeiro passo para se sentir punido. A emergência da Irmã Confusa o faz saber que um colapso se avizinha no horizonte.

Recuperação da Explosão

As companhias que prestam atenção aos colapsos estão fazendo um bom investimento, pois estes tendem a afetar os empregados mais compromissados e produtivos. Se você não se apressa e sai do trabalho às 17 horas, provavelmente não terá um colapso. Mas, se leva trabalho para casa ou fica trabalhando até tarde, e tenta lidar com o estresse trabalhando mais ainda, poderá terminar se sentindo desencorajado e sugado. As companhias que investem na saúde dos empregados e em programas de recreação, mantendo-os se sentindo envolvidos no controle do seu emprego, podem criar filosofias que aumentam o bem-estar, o equilíbrio, a criatividade e a produtividade.

Se você entrou em colapso, ou acha que está a caminho de ter um, você pode precisar de uma ajuda profissional para a sua recuperação. Sem ela, a tendência é repousar um pouco e depois voltar para o mesmo padrão de comportamento. O colapso é como uma bandeira vermelha. Ele está avisando que você deve diminuir os seus compromissos para conseguir um equilíbrio. A sua primeira resposta poderá ser: "Sei disso, mas não há como fazer." Bem, *sempre* existe uma maneira.

Se você é uma dona de casa exigente, talvez tenha que abrandar as suas exigências por um tempo. Ninguém morreu porque a

cama ficou por fazer ou porque os pratos do café da manhã ficaram na pia. Delegar responsabilidades poderá não ser o seu estilo, mas será um bom momento para tentar tanto no trabalho quanto em casa. Se você faz o jantar cinco noites por semana, reduza para uma ou até mesmo nenhuma. Designe a tarefa para outro membro da família ou faça um jantar bem saudável e rápido. Se estiver muito doente, delegar não será problema. Se está a ponto de explodir, *pense* que está muito doente. Afinal, se mantiver este ritmo, ficará realmente doente em pouco tempo.

Se tiver recursos financeiros, contrate alguém para ajudar em casa. Descobri uma mulher maravilhosa que ajuda a limpar, organizar e assume pequenas missões além de ser também terapeuta e massagista. Ela é muito mais importante para a minha saúde e bem-estar do que comprar roupas novas, tirar férias em lugares caros ou sair para jantar fora. Quando o bem-estar é a prioridade número um, fica mais fácil descobrir os recursos financeiros para sustentá-lo eliminando outros supérfluos. A boa notícia sobre o colapso é que os seres humanos se recuperam bem. Mesmo que chegue ao fundo do poço, é possível se recuperar e descobrir um modo de vida mais saudável e mais agradável. A maneira de fazer isso é fazer do equilíbrio a sua prioridade máxima.

17

VOCÊ REALMENTE PRECISA DAQUELE LAGARTO? CRIANDO A LIBERDADE FINANCEIRA

Eu estava vendo um programa de entrevistas na televisão uma tarde. O apresentador estava entrevistando duas famílias jovens e atarefadas que estavam com sérios problemas financeiros. Como várias pessoas, estavam vivendo o sonho de consumo da "boa vida", administrando uma montanha de débitos que estava a um passo de ruir. Eles estavam sem condições de continuar na roda do pegar e gastar, sem reserva de caixa para passar mais um mês sem o cheque especial. E até este dinheiro não seria suficiente para cobrir o seu débito crescente, mantendo-os no estilo que a televisão, o cinema e as revistas sugerem que são todos os americanos.

À medida que o apresentador entrevistava os dois jovens, sua ansiedade era perceptível. Estavam sendo repreendidos, exaustos e ansiosos, com o espectro da falência ficando cada vez mais próxima.

Uma das famílias tinha dois filhos, uma casa enorme, dois carros último tipo, três cachorros, um gato ou dois (acho) e um lagarto. A equipe do programa tinha pesquisado que o custo médio para manter um animal de estimação era de US$500 por ano, uma despesa de pelo menos US$2.000 para este jovem casal. O lagarto era provavelmente o mais barato, mas exigia a sua parte. O Sr. Lagarto comia larvas de farinha, que tinham que ser adquiridas frescas a cada semana na loja de animais, adicionando uma outra incumbência ao já apertado orçamento da família. Além disso, as larvas precisavam do seu próprio espaço enquanto aguardavam o seu destino como parte de uma cadeia alimentar. Quando você tem que alimentar o alimento dos seus animais, definitivamente chegou a hora de pensar: SIMPLIFIQUE!

Quando o apresentador perguntou para a mãe se a sua família desejava se livrar do lagarto, ele se deparou com uma resistência imediata. Como seria possível? O filho deles era apegado ao animal. O apresentador não se convenceu. Sugeriu que eles contassem a verdade para as crianças. Eles tinham administrado mal o seu dinheiro e teriam que reorganizar suas vidas. Todos teriam que fazer sacrifícios enquanto se ajustavam a um estilo de vida mais razoável. Ele foi incansável em esclarecer o ponto que aprender esta lição seria um presente bem melhor para o filho deles do que manter o lagarto. Tive que desligar a televisão antes que o apresentador chegasse nos cachorros, na casa elegante, nos carros novos e dispendiosos, e em todo os outros brinquedos — que compreendi que teriam o mesmo destino do lagarto.

O Jogo do Débito

O conflito número um em um relacionamento heterossexual é no campo das finanças. Não sei se o mesmo se aplica entre parceiros do mesmo sexo, mas sei que mesmo se você for solteira, a administração do dinheiro é um assunto difícil para a maioria das pessoas. Segundo as estatísticas, o americano médio gasta 10% mais do que ganha a cada mês, e 70% vive do salário. A razão principal é que desde o fim da década de 1960, quando os cartões de crédito foram introduzidos, os débitos têm sido agressivamente negociados. A campanha tem tido tal sucesso que a maioria dos americanos, especialmente os adultos jovens, aceita o débito como uma parte natural da vida. As decisões de compra costu-

mavam se basear nos seus recursos. Agora a base é se você pode fazer os pagamentos. O resultado é um número crescente de famílias como as que o apresentador estava aconselhando. Elas eram escravas de uma escala de pagamentos. Os "bens" que possuíam pertenciam às companhias de cartão de crédito e ao banco. Suas vidas não pertenciam mais a eles.

O débito dos consumidores se eleva a níveis astronômicos. Aumentou para o incrível percentual de 25% entre 1999 e 2001. Com mais de 30 mil programas de cartão de crédito nos Estados Unidos, todos ansiosos para vender o débito, não surpreende o fato de a família mediana dever US$8.562, quase três vezes a quantia devida em 1990. Fazendo o pagamento mínimo de US$3.000 o seu débito precisará de 431 meses, ou quase 36 anos, para ser pago. O pagamento dos juros custarão a você US$7.511,74.[1]

Fazendo as Pazes com o Dinheiro: Três Etapas Simples

Etapa 1: O primeiro passo para a paz financeira da mente é eliminar todos os débitos, além da hipoteca, se você tiver uma. Existem vários recursos que podem lhe ajudar neste ponto, mas o

primeiro passo é que a eliminação dos débitos é como perder peso. É um equilíbrio irretocável de entrada e saída. Você tem que ganhar mais dinheiro para diminuir os seus débitos, ou terá que gastar menos. Isso pode significar pequenos ajustes, como dar o lagarto, descobrir um cabeleireiro mais barato, comer menos fora de casa, ou usar as suas roupas antigas em vez de comprar novas. Uma alternativa incluiria ajustes maiores como vender uma casa que está acima das suas posses. Financiamento de imóveis estão na coluna dos débitos, e é relativamente fácil se qualificar para um empréstimo que é bem mais do que você realmente pode encarar para pagar.

Etapa 2: Depois de ter eliminado os seus débitos, o próximo passo é abrir uma poupança. Os especialistas sugerem que você junte um caixa reserva entre três e seis meses de salário como uma proteção contra perda de emprego ou doença. O problema é que a maioria das pessoas não sabe poupar. Nos Estados Unidos, por exemplo, o ganho anual *per capita* é alto, mas a taxa de poupança é menor que 4%, a menor desde que o governo norte-americano começou a fazer estatísticas sobre os hábitos da população de poupar, em 1959. Quando você tem dinheiro no banco como um anteparo contra um desastre, a paz de mente é muito mais fácil de ser mantida. A chave para guardar dinheiro é pagar a si mesmo antes. Decida quanto você quer guardar, e faça deste o primeiro item do seu orçamento. E, se você não tiver um orçamento, será preciso fazer um. Se esperar até o fim da semana ou do mês — dependendo da freqüência do seu pagamento — para guardar o que deseja, provavelmente não guardará ou sobrará somente uma quantia menor.

Etapa 3: O próximo passo é criar um programa de investimento em que o seu dinheiro possa crescer. Eu gostaria de ter sido ensinada a respeito da magia da capitalização quando era jovem. Temos um exemplo que talvez já tenha lido: Sally coloca mil dólares por ano, por *oito anos*, em seu plano de investimento, começando quando ela tinha 22 anos e terminando com a idade de 30 anos. Jennifer colocou mil dólares por ano, por 35 anos, em seu plano de investimento, começando quando estava com 30 anos e terminando quando chegou aos 65. Admitindo uma taxa anual de retorno de 12%, com a idade de 65 anos Sally acumulou mais dinheiro (US$388.865) do que Jennifer (US$329.039), embora Jennifer tenha investido US$35.000 comparados aos US$8.000 de Sally. A diferença está no número de anos que o dinheiro foi capitalizado, ou ficou acumulado sobre si mesmo.

| Joan Borysenko, Ph.D. |

Viver Melhor com Menos

Sou uma das últimas a entender os assuntos financeiros. Isso significa que sou mais como Jennifer do que como Sally. Significa também que, embora ganhe bem, posso terminar fazendo workshops na "Alegria dos Geriatras" se planejar sustentar o meu estilo de vida atual na minha idade avançada. A alternativa é mudar o estilo de vida, um plano que estou começando a aperfeiçoar.

Uma das conferencistas no encontro de verão em que estive foi Vicki Robin, co-autora da última obra de Joe Dominguez, *Your Money or Your Life: Transforming Your Relationship with Money and Achieving Financial Independence*. Vicki é uma das fundadoras do movimento simplista. Ela mantém a liberdade financeira — um estado onde não mais precisa trabalhar para se sustentar — com US$9.000 que recebe de investimentos que fez anteriormente em sua vida. Além disso, consegue continuar a poupar dinheiro, já que pode viver bem com US$7.000 ou US$8.000 por ano. Os direitos autorais dos seus livros são doados a grupos sem fins lucrativos que trabalham por um mundo sustentável.

A maneira como Vicki consegue viver confortavelmente com uma renda tão baixa está exposta em *Your Money or Your Life*. Suas idéias não se baseiam em sofrimento e privações, mas mostram

realmente como viver melhor gastando menos. O princípio orientador do trabalho de Vicki é que o dinheiro é uma forma de energia de vida. "Se alguém lhe agarrar apontando uma arma para a sua cabeça e disser 'seu dinheiro ou a sua vida', o que você faria?", pergunta ela. A resposta fácil é que nós daríamos o dinheiro, porque as nossas vidas valem mais. A verdade é que nem sempre agimos desta forma.

Se você trabalhar 80 horas por semana, se sentindo perpetuamente exausta e esgotada, com pouco tempo para estar com a família, sem mencionar todas as pequenas facilidades que o seu dinheiro comprou, o que está sendo mais valioso para você? Você trilhou a sua vida em busca do dinheiro. Várias de nós, diz Vicki, não estamos realmente vivendo. Estamos *morrendo*, nos matando para comprar coisas que não tornam a nossa vida melhor e nem melhoram o mundo. E, neste processo, estamos matando o mundo, danificando um ambiente que já está estressado.

Vicki esteve em uma sala de conversa na Internet para a ABC News em dezembro de 2000,[2] na qual falou sobre assuntos financeiros e como isto estava relacionado com a época dos feriados de fim de ano. Ela discutiu como aquela época podia ser um pesadelo financeiro para muitas pessoas. A alegria de dar ficava contrabalançada pela corrida enlouquecida para comprar e embrulhar os presentes, e pelos débitos assumidos. Este último é verdadeiramente um presente que continuamos a dar — para a companhia de crédito. Vicki mencionou que ela dá telefonemas para os seus familiares e amigos durante as festas em vez de comprar presentes. A minha família também deixou de trocar presentes. Fazemos contribuições de caridade em nossos nomes. É muito bom saber que uma família em um país pobre ficará financeiramente auto-suficiente este ano porque eu ajudei a lhes doar uma vaca por intermédio da Fundação Heifer. Isso significa mais para os membros da minha família do que receber uma outra lembrança ou cachecol.

Simplificar a sua vida significa tornar-se financeiramente responsável e finalmente atingir a liberdade financeira. Durante o processo, você se fará algumas perguntas muito importantes. O que realmente importa para mim? Quais são os meus valores? Como poderei passar o meu tempo se não tiver que trabalhar tanto para comprar aquele carro novo ou para manter o lagarto bem alimentado?

18

TRABALHANDO EM UM MUNDO MASCULINO: SE TODAS NÓS FORMOS EMBORA, O QUE ACONTECERÁ?

Se todas nós formos embora, o que acontecerá? Esta conversa acontece em salas de visitas, ambientes refrigerados, por trás de portas fechadas, em livros e em painéis em conferências. O "o que acontecerá" não diz respeito a como as mulheres sobreviverão se elas deixarem os seus trabalhos nas empresas. Várias destas dissidentes são a espinha dorsal do setor de crescimento mais rápido da economia norte-americana: os pequenos negócios abertos pelas mulheres. O "o que acontecerá" se refere ao que será do planeta se as empresas continuarem a fazer negócios da maneira usual, sem incorporar as dimensões do feminino da compaixão, parceria, colaboração e intendência preventiva tão necessárias para transformar o nosso problemático mundo e deixar um legado vivo para as gerações futuras.

Gail Evans, Vice-Presidente Executiva do Trabalho Doméstico para o Grupo CNN News, defende a idéia de que a revista *Fortune 500* molda as nossas vidas, e em grande alcance o destino do mundo. Quando as mulheres se alimentam das luzes das vitrines (terminando "como a mamãe") — ou ao permitir outras indignidades no ambiente das empresas — e depois rumando para pastagens mais verdes, Evans acredita que estamos comprometendo o futuro. Precisamos nos levantar e permanecer nas posições de poder para que a voz feminina possa ser ouvida.

Como um planeta, nós nos empoleiramos na beira de um desastre ecológico. Como espécie, temos o poder terrível de destruirmos uns aos outros. Por outro lado, temos também a habilidade de distribuir alimentos e cuidados médicos para os pobres do mundo e de ajudá-los a estabelecer uma auto-suficiência. Podemos aprender lições importantes com as populações indígenas, e fornecer ligações onde a informação e os recursos podem atravessar as culturas em novas e criativas parcerias. Se um futuro como este irá se manifestar — isto é, se estivermos realmente interessados

na paz global e em um mundo baseado na cooperação, compreensão, respeito e gentileza, será crucial para as mulheres desenvolver uma voz vibrante e respeitada dentro da estrutura de poder política e econômica. Para isso, nos ensina Evans em seu livro *Nos negócios, jogue como homem, vença como mulher*, as mulheres precisam compreender as regras do "jogo" que os homens jogam, e então criar uma mudança dentro do sistema a partir de uma posição de respeito e força.

Jogando pelas Regras dos Homens

Jogar pelas regras dos homens é difícil para a maioria das mulheres. Aquelas que conseguem são rotuladas de masculinizadas, agressivas ou auto-interessadas. Fui uma vez entrevistada por um repórter, na minha época em Harvard, que perguntou: "As pessoas a qualificam de agressiva — isso é verdade?" Sua pergunta era uma acusação, uma afronta. Abrir o caminho de modo agressivo é uma qualidade admirada nos homens, mas desprezada nas mulheres. Além de não ser agressiva, até uma reivindicação era difícil para mim. Mas certamente era determinada e dedicada ao que fazia. As mulheres que conseguem penetrar nas áreas dominadas pelos homens e que fazem bem o seu trabalho se arriscam a ganhar

um afastamento prejudicial e muitas vezes perigoso dos homens, e uma sutil desaprovação das outras mulheres. Fui feliz quanto a esta última parte. O apoio mais significativo que tive nos difíceis anos acadêmicos foi a compreensão e encorajamento de algumas amigas íntimas. Foi com elas que aprendi o valor da amizade, algo para o qual só despertei tarde porque sempre fora sozinha em um mundo dos homens.

Quando iniciei a medicina acadêmica, um mentor explicou a regra básica: "Em tudo que fizer, não mostre vulnerabilidade", aconselhou ele. "Se você mostrar a pele, os tubarões virão e acabarão com você." Para uma mulher habituada a criar um consenso por meio da conciliação e do partilhar e acostumada a revelar as emoções como uma maneira de estabelecer laços, esta regra foi difícil de ser aprendida. Se escondesse meus medos e preocupações e prosseguisse a pleno vapor, me arriscaria a que ambos, mulheres e homens, me julgassem como agressiva. Jogar pelas regras dos homens pode levar uma mulher a se sentir isolada e estranhamente alienada — como uma camareira vestida com um terninho social.

Na época em que finalmente desertei da medicina acadêmica, no início de meus 40 anos, o esforço para esconder a minha barriga e jogar de acordo com as regras tinham me desgastado, apesar do refúgio com as minhas amigas mulheres. Achei que tinha

chegado o momento de sair ou morrer. As mulheres geralmente utilizam termos dramáticos. Quando dizemos que um trabalho está nos matando, com freqüência queremos literalmente dizer que estamos seriamente debilitadas, que intuímos que há alguma doença se aproximando. Saí porque continuar viva se tornou mais importante do que realizar o meu trabalho. Em 15 anos, desde que deixei a área acadêmica, nunca me senti culpada pela decisão de sair. Passei o bastão para várias mulheres fabulosas a quem servi como mentora. Talvez não tenha enfrentado o desafio todo, mas senti como se fosse um forte elo no revezamento, que cumpri bem a minha parte e que depois prossegui para o capítulo seguinte da minha carreira. Sinto-me feliz por ter vivido para falar sobre o assunto.

O que Desgasta as Mulheres?

As mulheres se queixam de que, para serem levadas a sério em uma companhia, precisam realizar um trabalho melhor do que a maioria dos homens, e muitas vezes por um salário menor. Existe uma piada antiga sobre um homem que fez uma operação para mudar de sexo. Um amigo perguntou se a cirurgia para retirar suas partes íntimas tinha sido dolorosa. "Bem," respondeu ele, "a

parte mais dolorosa de toda a cirurgia foi quando cortaram o meu salário pela metade." A piada não é um grande exagero. Mesmo quando realizamos os mesmos trabalhos dos homens, as mulheres em geral recebem um salário menor. Os salários das mulheres empregadas em tempo integral nos Estados Unidos correspondem em média a 68,4% do que os homens recebem.

E, embora ninguém questione o fato de que um homem possa conciliar uma família com a sua carreira, a família é atirada contra as mulheres dos ambientes executivos mais altos. Somente 46% das mulheres norte-americanas que ocupam cargos elevados em grandes companhias são casadas, e 52% nunca tiveram filhos. Por outro lado, quase 95% dos homens que estão nestes cargos são casados, comparados com cerca de 82% da população em geral. O casamento e uma vida familiar estruturada são considerados fatores importantes no meio masculino, mas um detrimento para as mulheres.

O telhado de vidro é uma realidade. Enquanto a mulheres perfazem metade da força de trabalho, temos bem menos do que a metade do poder de tomar decisões. Em todas as companhias citadas no *Fortune 500*, somente quatro possuem mulheres em cargos executivos. Aqui está uma estatística que coloca o fato sob uma perspectiva surpreendente. Desde 1968, 15% dos administradores nos Estados Unidos foram mulheres. Admitin-

do-se que são precisos de 15 a 25 anos para que um administrador se transforme em um executivo sênior, as mulheres hoje deveriam compreender pelo menos 15% destas posições de destaque. Com a taxa atual de avanço, serão precisos 475 anos para que possamos atingir a igualdade no quadro de diretoria e nas áreas executivas.

Por que existe tanta desigualdade no sexo? Em uma pesquisa do *Wall Street Journal Gallup* de mulheres diretoras que responderam qual o obstáculo mais sério em suas carreiras de negócios, somente 3% citou as responsabilidades de família. Metade das razões citadas estava ligada ao sexo feminino, incluindo o chauvinismo masculino, atitudes desairosas com as chefes mulheres, avanço lento para as mulheres e o fato simples e evidente de que eram mulheres. As mesmas conclusões foram encontradas em outras pesquisas. As mulheres sentem como se não fossem levadas a sério. Comportamentos de assédio sexual ou menosprezo são muitas vezes usados para colocar as mulheres nos seus lugares. A maneira de lidarmos com estes fatos é crítica para o fato de perdurarmos ou não em sistemas dominados pelo homem o suficiente para sermos agentes de mudança.

Escolhendo as Suas Batalhas

Tenho a lembrança de um incidente em que fui seriamente menosprezada no ápice da minha carreira acadêmica. Ele fez surgir uma questão muito importante: estava preservando a minha dignidade tanto quanto arriscava a minha carreira? Em que ponto ganhar a batalha significa perder a guerra? Sei, por experiência, que algumas leitoras ficarão ofendidas com a minha metáfora militar, mas se quiserem ter sucesso por tempo suficiente no mundo dos homens para mudar o sistema a partir de dentro, é melhor se acostumar a elas. Não faz mal "queimar as pestanas" para fazer bem as provas.

Ali estava eu, com os olhos turvos e exausta na frente do diretor do Departamento de Medicina do hospital-escola de Harvard, onde trabalhava desde meados da década de 1980. Em minhas mãos a concessão da proposta para a qual trabalhara exaustivamente semanas a fio, esquecendo-me de amenidades da vida, como um tempo para a família, refeições decentes e exercício. Tinha funcionado como uma máquina feminina única para todas as tarefas refinadamente calibrada, realizando os detalhes estranhamente exigidos que uma concessão de proposta requer — criando um projeto de pesquisa viável, analisando e apresentando

dados de apoio estruturados, reunindo cartas de agradecimento dos colaboradores e montando o orçamento e a estrutura do período para os vários estágios do projeto. O único obstáculo antes de enviar a grande obra para o Instituto Nacional de Saúde era a formalidade de conseguir a assinatura do diretor. Eu não estava sozinha naquela busca: as benditas salas estavam repletas de outros candidatos com propostas com a mesma missão final assustadora.

O diretor ficou diante de mim com as mãos na cintura, o nariz abaixado e uma aura inconfundível de desprezo. Sob o olhar devastador do seu poder absoluto, a minha competência se evaporou. Senti-me como um verme que acabara de sair do buraco e que era agora estudado por um pássaro faminto, que escolhia qual a primeira parte de mim que seria engolida. Em vez de se dirigir a mim como Dra. Borysenko, ele me chamou de Senhora Borysenko, acentuando o sibilar do S de modo calculado para enervar e depreciar: "Por que, Sssenhora Borysenko, esperou até o último momento para ter a minha assinatura?"

Apesar do caroço na garganta, engoli astutamente o insulto ao meu status profissional. Eu tinha trabalhado quatro anos e meio para conseguir o doutorado em Harvard, e depois passara mais cinco e meio completando mais três cursos de pós-graduação nesta augusta instituição. Ensinara a estudantes de medicina, participara

de comitês, dirigira uma clínica pioneira de mente/corpo, publicara pesquisas em revistas reconhecidas e levantara fundos. O título de Dra. Borysenko fora difícil de obter e de ser bem utilizado. Ao negá-lo a mim, o diretor tinha feito um movimento para me colocar no meu lugar. Reagir no momento não me levaria a lugar algum, e talvez tivesse ameaçado a importante clínica e trabalho de pesquisa para os quais eu já trabalhara tanto. Sorri, me desculpei pelo atraso, consegui a assinatura e segui o meu caminho.

O incidente me deixou ansiosa no momento e permaneceu comigo por vários anos. Eu tinha andado sobre uma corda esticada entre vender a minha dignidade e perder a minha carreira. Era uma situação de perder ou perder. Eu tomara a decisão certa ou deveria ter me confrontado com o diretor? Dei um suspiro de alívio e reconhecimento anos mais tarde quando li trechos de uma entrevista com a Dra. Bernardine Healy, nomeada diretora do Instituto Nacional de Saúde em 1991. Ela também falou sobre a necessidade de escolher as suas batalhas com sabedoria, sobre ter que ser melhor do que os homens para chegar até onde tinha conseguido, e sobre ignorar o problema entre os sexos e segurar a sua língua, enquanto se dirigia resolutamente em direção ao seu objetivo. E o dela fora considerável: lançara o pioneiro Programa da Saúde das Mulheres para assegurar que, enquanto ela ali estivesse, as mulheres seriam incluídas nas pesquisas de saúde.

Foi preciso uma mulher perseverar, apesar da atmosfera contrária, para estabelecer os pontos certos e fornecer uma base forte para a pesquisa biomédica adequada para as mulheres.

As culturas associadas mais fortes emergirão quando houver um equilíbrio verdadeiro entre machos e fêmeas. Na maior parte da história registrada, o equilíbrio tem sido quase que exclusivamente inclinado a favor dos homens no mundo profissional e político. Porém, por trás do rugido de poder e expansionismo, uma nova pulsação firme está começando a emergir. É o surgimento do feminino, não para substituir um sistema dominado pelo macho, mas para enriquecê-lo com as qualidades da intuição, parceria, formação de equipe, compaixão e com o sonho de um futuro em que todas as pessoas terão dignidade, respeito e meios para viver em paz. É para isso que estamos trabalhando. Vamos nos apoiar na jornada. E façamos o trabalho que precisamos para manter o nosso centro para não nos perdermos durante o processo.

19

A GERAÇÃO SANDUÍCHE: CUIDANDO E TOMANDO CONTA

A idade adulta, definiu uma pessoa esclarecida, é quando os pêlos das suas pernas diminuem o ritmo de crescimento e você tem tempo de cuidar do seu bigode recém-cultivado. Mas, além do humor, a idade adulta é uma época de aumento de responsabilidade para várias mulheres, espremidas entre as exigências dos filhos e dos pais mais idosos.

Mas você não precisa necessariamente chegar à meia-idade para começar a sentir este sanduíche. Meus pais estavam com cerca de 40 anos quando eu nasci, e papai morreu quando eu estava no fim dos meus 20 anos. Sua morte deixou minha mãe aflita, deprimida e solitária, tendo necessidade de ser auxiliada e confortada. A minha carreira como pesquisadora de câncer e professora assistente na escola de medicina estava a todo vapor, e Justin e Andrei ainda eram pequenos, com seis e dois anos. Espremida entre as exigências dos filhos pequenos e uma mãe idosa (sem mencionar o trabalho e o casamento), tornei-me o equivalente humano de um almoço de um bom *gourmet*: todo mundo quer um pedaço.

Meus amigos Rachel e Toby, também no fim de seus 40 anos, pensaram no que tinham enfrentado. Seus dois filhos finalmente tinham saído de casa e eles planejaram revitalizar o seu casamento dedicando um ano inteiro a viajar. Então o pai de Rachel morreu e sua mãe, Sara, teve um problema cardíaco. Filha única, a responsabilidade de cuidar da mãe recaiu sobre os ombros de Rachel. "Vovó Sara" se mudou para a casa deles e os planos de viagem foram adiados. Um ano depois, a filha de Rachel e Toby se divorciou e ela e seus dois filhos voltaram para a casa dos pais. O ninho que estava vazio de repente passou a abrigar quatro gerações.

Mulheres como Cuidadoras

As mulheres cuidam do mundo. Falando em termos estatísticos, filhas, mães, avós e esposas provêm quatro quintos das tarefas de cuidar sem pagamento nos Estados Unidos. Como Rachel, várias mulheres — tanto filhas quanto noras — cuidam dos pais idosos, e alguma mães cuidam de filhos que têm problemas. Muitas esposas podem também cuidar de maridos doentes, uma das principais razões dadas por várias mulheres para não se casarem novamente. E um número crescente de avós cuidam dos netos, particularmente em situação de pobreza — na verdade, perto de dois milhões de crianças nos Estados Unidos moram com os avós.

Embora cuidar dos outros seja uma atitude altruísta, e muitas vezes realizada por amor e compaixão, é uma tarefa monumental e exaustiva que pode estressar as mulheres já sobrecarregadas até o seu limite. Cerca de metade de todas as cuidadoras também trabalham fora de casa. Outras são forçadas a abandonar seus empregos ou assumir um outro em meio expediente porque cuidar de uma pessoa é com freqüência um emprego em tempo integral. Um estudo de 1994 revelou que cerca de 26 milhões de pessoas, na maioria mulheres, providenciavam os cuidados para membros doentes e deficientes da família. Fiquei surpresa com o fato de que uma em quatro mulheres assumia este papel entre as idades de 35 e 44 anos, aumentando para 36 a percentagem entre 55 e 64 anos. Vários estudos mostram que as cuidadoras com freqüência ficam ansiosas e deprimidas, exaustas e esgotadas. Seu sistema imunológico decai e elas ficam mais propensas a adoecer. As que cuidam de parentes com o mal de Alzheimer correm mais riscos. Não somente o trabalho é exigente, como as mudanças comportamentais das pessoas com Alzheimer podem ser assustadoras, perigosas, enlouquecedoras e dolorosas.

Se for tarefa de uma aldeia criar uma criança, todos estarão também disponíveis para outros tipos de cuidados com as pessoas. Em uma viagem à Índia na década de 1980, passei algumas semanas em uma pequena aldeia onde uma mulher esquizofrênica, que falava consigo mesma de modo contínuo e bem agitado, vivia sob uma grande árvore *banyan*. Vários aldeões a visitavam sempre, levavam comida e cuidavam das suas necessidades. Mas a maioria de nós não vive mais em famílias grandes ou em comunidades íntimas onde esse tipo de cuidado é comum. Não vivemos sob a sombra de uma árvore *banyan* e nem sob o abraço terno de uma comunidade. Aqueles privilegiados por estas condições realmente colhem os benefícios da saúde e da paz de mente.

| Joan Borysenko, Ph.D. |

O Abrigo da Comunidade

O apoio de uma comunidade, onde recebemos cuidados e também os proporcionamos, nos auxilia emocional e fisicamente. Essa foi uma das razões pelas quais optei por morar em uma pequena cidade nas montanhas. Uma vez nevou duas vezes em uma semana, seguido de dois dias de vendavais que acumulam a neve em paredes de concreto. Meu carro ficou preso em uma das ruas e não havia como sair e nem alguém próximo com uma pá para ajudar. Telefonei para o armazém local pedindo ajuda, e logo o meu problema foi passado adiante. Em uma hora quatro pessoas já tinham se manifestado. Uma se ofereceu para cavar a neve se conseguisse chegar com o seu jipe. Uma segunda ofereceu o seu carro. Uma terceira para me tirar assim que os ventos amainassem e ele conseguisse trabalhar do lado de fora o tempo suficiente com o seu carregador. Uma quarta (a minha assistente maravilhosa, Luzie) se ofereceu para ir com o marido, Bob, para ajudar a cavar.

Bob e Luzie realmente chegaram no dia seguinte quando os ventos diminuíram, e juntos conseguimos abrir caminho suficiente para tirar o carro. O homem com o carregador chegou logo depois e terminou o trabalho. Dou graças a Deus pelas pequenas comunidades onde os vizinhos auxiliam uns aos outros.

Estudos sobre saúde mostram que pessoas em comunidades pequenas possuem uma saúde física e mental melhor. Os elos sociais criam uma abrigo seguro para os indivíduos em todas as circunstâncias, como também respeitam os cuidadores, que precisam de pausas em suas responsabilidades esmagadoras. Quando somos jovens, a comunidade parece menos importante do que quando ficamos mais velhos. E, durante os anos em que estamos ocupados com a carreira — e talvez também com os filhos —, ser parte de uma comunidade é uma prioridade tão distante que sequer aparece em nosso radar.

Como é a sua vida? Você faz parte de uma comunidade de apoio ou não? O que pode fazer para criar uma comunidade ou para integrar uma das várias que provavelmente existem onde você mora?

Planejando um Futuro Que Ninguém Deseja

Se quiser ter paz mental, é crucial ter uma visão realista das possibilidades da vida — até das impensáveis e das desagradáveis. Por exemplo, quando costumava levantar o assunto com os meus filhos, eles respondiam com uma negativa: "Não se preocupe, mamãe, você ainda estará esquiando com 80 anos." Eu gostaria, mas quem sabe o que a vida trará? Não sou o oráculo de Delfos, e nem eles. Um amigo saudável e que se cuidava muito, cinco anos mais moço que eu, desenvolveu uma doença debilitante que o incapacitou, transformando de repente sua esposa, uma profissional muito ocupada, em uma cuidadora. Quando mencionei estas possibilidades aos meus filhos, lágrimas umedeceram seus olhos, e instantaneamente responderam: "Não se preocupe, mamãe, você cuidou de nós e nós cuidaremos de você. Poderá morar com um de nós. *Queremos* que more conosco. Nós amamos você."

Costumava expressar sentimentos semelhantes para a minha própria mãe, que respondia com um horror descontrolado e terminando com a frase imediata e bem lúcida: "Deus me livre, que pensamento horrível. Um pesadelo. Nós mataríamos uma à outra. Você precisa do seu espaço, e eu do meu. Terá que passar por cima de mim!" Felizmente, ela teve os recursos financeiros suficientes para receber os cuidados em casa (no final em três turnos) quando teve necessidade.

Mesmo adorando os meus filhos, compreendo perfeitamente o que a minha mãe queria dizer. Ela reconhecia que as agruras de ter que cuidar dela cairiam sobre mim, que o esforço seria extremo e que eu cuidaria dela mesmo que isso acabasse comigo. Ela queria evitar criar esse peso.

Sendo saudáveis, os pais idosos que vão morar com você podem ser um presente maravilhoso. O apoio e amor mútuos adicionam uma bela dimensão à vida, que muita vezes faltava. Filhos e avós muitas vezes desenvolvem uma relação especial. Por quê? Uma piada antiga diz que eles têm um inimigo comum. Mas uma situação bela e de apoio mútuo pode mudar para um sofrimento se alguém — eles ou você — ficar incapacitado.

Seja você mãe ou filho, vale a pena pensar sobre o futuro e planejar preventivamente. O seguro por incapacidade já foi uma bênção para dois amigos meus. Um era médico de emergência até perder a sensação em parte de uma das mãos devido a um acidente de carro. A outra era jornalista investigativa até que uma grave dor nas costas a impediu de viajar.

Os cuidados com os idosos é um assunto mais complexo do que o seguro por incapacidade. Requer uma pesquisa cuidadosa, respostas honestas a perguntas que podem parecer abstratas quando tudo está bem e existe uma boa comunicação entre os membros da família. Se seus pais estão vivos, onde viverão quando tiverem mais idade, ou se estiverem fragilizados demais para terem uma vida independente? Já parou para pensar como seria tê-los morando com você? Eles incomodariam a você, ou a seus filhos, isolados ou confinados? Qual o impacto que teriam sobre a sua vida já muito ocupada? Vocês se dariam bem ou um deixaria o

outro enlouquecido? E, se você é o pai ou a mãe, já pensou sobre isso e discutiu com seus filhos? Quando falei sobre adquirir um seguro a longo prazo para mim, brinquei com os meninos que este seria o melhor presente que poderia dar a eles, para a paz de mente deles. Mas é verdade.

Anteriormente, com menos idade, teria rolado de rir ao pensamento de comprar um seguro para incapacitação prolongada, mas a idade mudou a minha visão. Toda a meditação no mundo e todos os esforços para cuidar de mim nunca interromperão o andar do relógio e nem as garantias de uma boa saúde. Um dos meus ídolos de toda a minha vida, o mestre espiritual e autor Ram Dass, está em uma cadeira de rodas após um grave ataque. Sua prática de meditação o tem auxiliado muitíssimo a permanecer em paz. Ele é uma inspiração incrível, talvez mais agora do que nunca. Entretanto, está incapaz e precisa de muitos cuidados.

Como as pessoas estão vivendo mais tempo, a maioria de nós precisará de cuidados quando ficarmos mais velhos. Embora não possamos controlar todas as contingências, um pouco de planejamento poderá mudar a sua vida ou a vida de um ser amado de modo profundo. O site www.caregiver.org traz vários conselhos, dicas para permanecer saudável se o estresse de cuidar de uma pessoa entrar em sua vida, e uma lista de fontes de consulta. Exis-

tem também outros sites na Internet, e lugares e profissionais em várias comunidades. Que você e todos os seus sejam abençoados com boa saúde, vida longa e com o sentido de planejar antecipadamente. Como diz o ditado creditado a Alá: "Confie em Deus, mas deixe o seu camelo amarrado."

20

CASAMENTO PARA HOMENS E MULHERES: O QUE ESTÁ DESAGRADANDO AS MULHERES?

Quando viajo, tenho que falar com muitas mulheres de uma maneira bem íntima. Elas me pegam em aeroportos e me levam até o hotel. Vou e volto com elas para os locais das conferências. Saímos para fazer as refeições. Depois me levam para o aeroporto. O assunto sobre amor e casamento surge comumente no meio da conversa. Sempre que encontro uma mulher feliz no casamento, me interesso em saber o que faz o casamento dela funcionar. Porém, com freqüência, quando a intimidade cresce e soltamos as nossas máscaras, ouço que mesmo os casamentos mais duradouros não funcionam tão bem assim.

Tendo me divorciado após um casamento que durou bastante e de outros dois de menor duração, as minhas orelhas se retesam. Preocupo-me em como podemos manter um casamento forte, não somente um para o outro, mas especialmente pelos filhos. São perguntas práticas, e assuntos do coração que tantas de nós anseiam por compreender melhor. Mas, se queremos reforçar os casamentos, precisamos saber o que os torna mais fracos, particularmente no contexto das vidas ocupadas que levamos quando os dois parceiros trabalham fora, ficam estressados e anseiam por ter um tempo para si.

Por uma estranha sutileza do destino, foi no Dia dos Namorados que me sentei diante do computador pensando por que os casamentos são bem-sucedidos ou viram um fracasso. O pesquisador de casamentos Dr. John Gottman, diretor do "Laboratório do Amor" da Universidade de Washington (onde está sendo realizada uma excelente pesquisa sobre casais), registrou que as estatísticas de divórcio estão terríveis. Dizem que cerca de 50% dos casamentos terminam em divórcio; na verdade, o Dr. Gottman diz que em 40 anos, 67% dos primeiros casamentos terminarão desta maneira. Metade destes divórcios ocorrerão nos primeiros sete anos.[1] Estas estatísticas assustadoras ficam 10% piores quando relativas aos que se casam novamente.

QUANDO O CASAMENTO FALHA

Enquanto eu crescia, o divórcio era algo incomum. Parte da razão era que a maioria das mulheres não tinha meios financeiros de sair de casamentos infelizes. Até agora, a razão mais comum que as mulheres dizem que as faz permanecer em um relacionamento difícil é a preocupação financeira. O fato de dois terços de todos os divórcios serem iniciados por mulheres, reflete o fato de ser mais fácil para elas sustentarem a si mesmas agora do que antes. E o padrão de vida da mulher decresce 73% após o divórcio, enquanto que a média para o homem *aumenta* em 42%.

Meu marido por quase 25 anos e eu nos divorciamos quando o nosso filho mais moço, Andrei, estava com 21 anos e tinha entrado para a faculdade. Tive a falsa impressão de que a idade de Andrei e a relativa independência diminuiria o impacto. Tentei conformá-lo conversando sobre como os primos dele tinham se ajustado ao divórcio dos pais, que tinha acontecido quando os meninos eram menores.

"Você não compreendeu", contestou Andrei. "Foi mais fácil para eles porque eram muito pequenos para compreender o que realmente significava um divórcio. É uma tragédia para todos, mamãe. Perdi a minha família agora", lamentou. "Nada mais será igual." Em poucos meses ele tinha perdido também o rumo e dei-

xou a faculdade por dois anos tumultuados, antes de finalmente se recuperar o suficiente para unir novamente os fios e terminar o curso.

O divórcio é muito difícil para os filhos, independentemente da sua idade. Embora vários resistam bem e enfrentem a tempestade do divórcio, estão lutando contra um castelo de cartas. Filhos de pais divorciados são mais propensos (duas ou três vezes mais) a apresentar problemas psicológicos, dificuldades no relacionamento com os pais e problemas na escola. Taxas de delinqüência, suicídio e maternidade na adolescência também são maiores entre os filhos de casais divorciados.

A questão que mais me intriga e preocupa, devido à mágoa que o divórcio causa, é por que tantas mulheres querem desfazer seus casamentos. Além do lado espinhoso dos abusos, vícios e infidelidade, as mulheres falam sobre a perda gradual do amor. Natalie Low, Ph.D., psicóloga clínica e instrutora em Harvard, cita a dificuldade em equilibrar a realidade exaustiva do trabalho e ser pai ou mãe sem o apoio de famílias e comunidades. Temos a impressão de que teremos tudo — casamentos perfeitos, carreira e filhos inteligentes e bem adaptados. Mas a realidade pode ser bem diferente. Vários casais reportam que ser pai ou mãe é um estresse sério no casamento. E como colocou a pesquisadora Judith Wallerstein uma vez, um casamento sem filhos é somente um compromisso.

A ilusão de Hollywood de um romance de cinema se desfaz rapidamente, e a menos que os casais estejam preparados para as dificuldades inevitáveis e ultrapassem os desencontros que todas as relações sérias atravessam, sua parceria não durará. Um estudo de Ted Huston, professor de ecologia humana e psicologia na Universidade do Texas, em Austin, descobriu que os casais que estão mais apaixonados na época do casamento são também os mais inclinados a se divorciar. A felicidade é uma expectativa muito alta para ser mantida, e com o tempo vem a desilusão. Os casais que são companheiros e se gostam — bons amigos — têm uma oportunidade melhor de permanecer casados e felizes, fazendo a transição do romance para a parceria.

Parceria e Vida de Casada

Mas, qual a realidade da parceria no casamento? Susan Maushart, autora de um livro brilhantemente irritado, e muita vezes sarcástico e muito bem pesquisado, *Wifework: What Marriage Really Means for Women*, acredita que existe uma grande diferença entre o casamento "dela" e "dele". Segundo Maushart, o casamento não é o problema. Ser esposa é que é. Ela escreve: "As fêmeas no casamento são extenuadamente, esmagadoramente e temerariamente

responsáveis pelos cuidados físicos e emocionais dos machos e da prole. Mesmo trabalhando em tempo integral ou parcial. Mesmo que seus parceiros professem ideais igualitários em público, em particular ou somente em seus sonhos. Mesmo que seus maridos as apreciem, reconheçam ou até saibam. Ou mesmo que outras mulheres façam tudo isso."[2]

Ri quando Maushart discutiu sobre a diferença marital que se aplicava a mim. Este cenário pode não acontecer em todos os casamentos, mas certamente fez parte do meu. No meu caso foi mais ou menos assim: "Se você me disser o que é preciso fazer, ficarei feliz em me esforçar", disse o meu primeiro marido. Esta oferta parecia depender de um sentimento não revelado de "quando for conveniente para mim". Além disso, cada oferta de ajuda do meu marido mostrava a grande diferença entre o *meu* casamento e o casamento *dele*. Eu era a diretora com a responsabilidade abrangente de dirigir o espetáculo, enquanto ele era um voluntário[3] que precisava ser tratado com luvas de pelica se tivesse que ajudar. Finalmente, a atenção e a urgência necessárias para acionar o meu marido passou a ficar mais problemática do que fazer eu mesma o trabalho.

Se você perguntar a algumas mulheres que se enquadram neste padrão a respeito do seu relacionamento, constatará algo estranho. Elas idealizam o seu esposo, insistindo que a parceria deles é perfeita. Na verdade, seu casamento está ancorado firmemente na divisão tradicional pelo sexo sobre o trabalho no lar. Elas simplesmente detestam admitir, sentindo-se confusas e infelizes, tendo esperado por uma vida de casada substancialmente diferente daquela de suas mães. Se seus maridos fizerem o jantar uma ou duas vezes por semana, elas cantarão louvores a eles. Diz Susan Maushart: "Uma mulher que se julga 'com sorte' porque seu marido a 'auxilia' pode geralmente justificar isto com referência a alguma amiga ou conhecida infeliz cujo marido 'não faz nada'. É parecido com ficar feliz por ter hemorróidas porque é bem melhor do que ter um tumor no cérebro."[4] Os sociólogos inventaram um termo para essa *folie à deux* (duas pessoas que partilham da mesma ilusão fantasiosa) na qual marido e esposa acham que são parceiros iguais. Chamam de *pseudomutualidade*.

O sociólogo australiano Anthony McMahon descobriu que o marido comum cria mais trabalho do que provê. Homens casados, por exemplo, fazem menos trabalho em casa do que os solteiros. Se não houver uma esposa para fazer as tarefas, eles as fazem. Mas a presença de uma parceira muda radicalmente isso. O casamento significa mais lazer para os homens do que em qualquer outra época da vida adulta, exceto pela aposentadoria.

A pesquisa indica que as esposas que trabalham fora realizam 70% do trabalho de casa sem remuneração, e provêm cinco vezes mais a parte dos cuidados com os filhos do que os maridos. Isto é a média. Existem homens que partilham igualmente do trabalho, e vários estudos os colocam entre 2% e 12% do total. Um estudo australiano com casais em que ambos têm emprego e filhos com menos de dez anos descobriu que os homens têm 16 horas a mais de tempo livre a cada semana do que suas esposas. Quando os filhos ficam mais velhos, o diferencial cai para somente 7 horas. Mesmo assim ainda é muito tempo. Quando você é uma mãe muito ocupada, mesmo meia hora a sós pode parece uma viagem aos céus.

Outro estudo, realizado nos Estados Unidos, descobriu que as esposas que trabalham fora fazem três horas de trabalho em casa por dia comparados aos 17 minutos de seus maridos. Isto exerce um impacto tanto sobre a saúde quanto sobre o tempo livre. Quando você está ocupada e com muita atividade, o seu corpo secreta hormônios estimulantes chamados *catecolaminas* — epinefrina, norepinefrina e dopamina. No fim de um dia de trabalho (e para muitas de nós, uma sucessão cansativa) o nível destes estimulantes é elevado. Eles caem rapidamente nos homens quando retornam para casa, para o seu ninho reconfortante. Mas para as mulheres, que retornaram para casa e para o seu segundo trabalho, ele permanece alto. A pesquisadora de assuntos da saúde Shelley Taylor acredita que este diferencial

de estresse de hormônios é uma das razões do casamento proteger a saúde dos homens mas não a das mulheres. O casamento, na verdade, é a melhor coisa que um homem pode fazer pela sua saúde.

Intimidade e Apoio Emocional

Quanto mais papéis uma pessoa desempenha, menos tempo livre ela tem. Como as mulheres casadas que trabalham possuem vários, não surpreende o fato de elas terem tão pouco tempo livre. Entretanto, a queixa principal das mulheres casadas não é o trabalho de casa — é a falta de apoio emocional e intimidade em seu casamento. Quando a mulher comum conversa com seu marido sobre o que a está aborrecendo, buscando um retorno e alguma preocupação, provavelmente receberá uma preleção. Os homens desejam partilhar a sua sabedoria e estratégias para resolver problemas. A tendência do marido é minimizar os problemas da companheira, ou dar conselhos para resolvê-los, deixando-a carregar a sua bagagem emocional. Essas interações podem levar as mulheres a se sentir criticadas e colocadas de lado em vez de confortadas e apoiadas. Mais uma vez, seus hormônios do estresse permanecem altos. Ela é deixada para ela mesma se acalmar ou procurar apoio e conforto com uma amiga.

São as mulheres que cuidam dos problemas emocionais na maioria dos casamentos. Tendemos a alimentar, compreender, confortar, suavizar, mostrar afeto e simpatia quando o esposo está com problemas. Somos nós, provavelmente, que ajustaremos as nossas preferências sexuais para agradar o marido e abrir mão do nosso repouso e sossego para proteger um marido com excesso de trabalho ou de cansaço. Contudo, a maioria dos homens não tem uma atitude recíproca. As mulheres casadas confirmam que a maior parte do seu apoio emocional vem de suas amigas. Na verdade, um estudo sobre os níveis de contentamento entre as mulheres descobriu que as três maiores fontes de felicidade para elas são as amigas, a saúde e o apoio da família. Os homens colocam o casamento em primeiro lugar.

O Casamento Pode Funcionar?

Prateleiras de livros com todas as informações concebíveis para melhorar o estado da sua união encontram-se disponíveis nas livrarias. Curar suas feridas do passado, compreender o mecanismo do amor, habilidades para ouvir, aprender a não achar que o parceiro é para sempre, desfrutar mais do sexo, manter o caminho aberto e cultivar a inteligência emocional são certamente

importantes. Mas nenhum deles será suficiente se você perder o respeito pelo parceiro e começar a agir com desprezo, crítica e desgosto quando ele não fizer a parte dele.

A pesquisa de Gottman revela que o desgosto e o desprezo são os principais sinais de um divórcio. Na verdade, cinco minutos de observação de um casal discutindo sobre algum desacordo que tiveram faz com que Gottman possa prever a possibilidade de divórcio com 91% de precisão baseado em parte na presença do desprezo. Se quisermos reforçar o nosso casamento, a falta de igualdade no mundo exterior para esvaziar o lava-louças, limpar os banheiros, fazer as refeições, planejar as reuniões de família, comprar os presentes, fazer as compras do mês e lavar a roupa deverá ser tratada. Parcerias iguais criam respeito, e o desprezo terá menos campo para se instalar.

Uma amiga de cinqüenta e poucos anos me telefonou um dia perguntando por que ela levara tanto tempo para perceber o seu desapontamento com a maneira como as tarefas eram repartidas no seu casamento. Ela se sentia exausta e esgotada por uma vida passada com tarefas quase invisíveis. Ela tinha trabalhado, criado uma família unida com quatro filhos e cuidado de um marido que parecia o Par Perfeito para os amigos. Mas o desgaste exigido para conseguir realizar aqüilo tudo a tinha levado quase ao ponto da saturação.

"Coloque um capítulo sobre isso em seu livro", sugeriu. "Diga para as mulheres que os fatos não mudarão até que elas despertem para eles e negociem uma maneira melhor de viver — e que criem um modelo diferente de comportamento no casamento para suas filhas e filhos. Senão, continuaremos a repetir os mesmos padrões, agindo dissimuladamente como nossas mães, embora insistindo que somos diferentes. Não consigo acreditar que fazemos isso conosco. Se as mulheres querem ter uma energia para mudar o mundo, teremos que começar mudando os nossos casamentos e projetando parcerias iguais para os nossos filhos."

Parcerias iguais são essenciais para o equilíbrio — e para o amor. Esse é o assunto da parábola no próximo capítulo.

Parte V

. . . .

O PONTO-CHAVE DO ASSUNTO

. . . .

21

UMA PARÁBOLA: O QUE AS MULHERES DESEJAM?

Recentemente sentei-me em um círculo com outras sete mulheres ao participar do ritual de aniversário de 60 anos da nossa amiga Sara. A expectativa dos 60 anos é bem melhor atualmente. Pode ser uma época de viver mais a vida, fazendo mais uma vez a pergunta: "O que eu realmente quero?" À medida que falávamos, cada uma por sua vez, uma profissional no início de seus 40 anos, bela e sábia, falou sobre não saber o que realmente desejava. Concordamos, porque como existem várias possibilidades abertas para nós, algumas vezes fica difícil escolher entre elas e ficar feliz por termos escolhido o melhor caminho para a nossa alma. E mesmo se julgássemos que sabemos qual é este caminho, podem surgir obstáculos. Então a nossa escolha é como navegar nas águas turbulentas do "não saber" — não saber para onde estou indo, não saber o que virá em seguida. A passagem chamada "não saber" é como uma sala de espera onde aprendemos a arte refinada de se entregar ao que virá para permanecermos abertas.

Mas mesmo quando não sabemos o que queremos e para onde estamos indo, o fato de termos escolha nos ajuda a manter a mente e o coração abertos. Quando cheguei em casa do ritual, reli mais uma vez uma das minhas histórias favoritas sobre mulheres. Uma parábola sábia, ela é uma resposta para a antiga pergunta: "O que as mulheres desejam?" Sinto-me confortada com o fato de, apesar dos desafios em relação à igualdade que ainda existe para as mulheres, várias de nós possuírem um tipo de soberania sobre nossas vidas que é único na cultura moderna. A escolha de como vivemos as nossas vidas ocupadas cabe a nós, mas pelo menos temos a escolha. A parábola foi escrita em meados do século XIII, e é chamada de *The Wedding of Sir Ganain and Ragnell* (*O Casamento de Sir Gawain com a Dama Ragnell*). Vou parafraseá-la para vocês:

Um dia o Rei Artur estava fora caçando. Tinha acabado de matar um veado com o seu belo arco, quando um cavaleiro ameaçador surgiu entre os arbustos. O cavaleiro, Sir Gomer Somer, acusou o Rei Artur de tomar suas terras para dá-las a Sir Gawain, um dos Cavaleiros da Távola Redonda. Sir Gomer Somer estava com armadura completa e pronto para matar, porém as regras da conduta de um cavaleiro o impediam de atacar um rei desarmado. Então ele ofereceu um trato para o rei: "Volte aqui como está agora daqui a exatamente 12 meses a contar deste dia, e se me der a resposta correta para esta pergunta — 'O que uma mulher deseja?' — eu pouparei a sua vida. Caso contrário, cortarei a sua cabeça."

Pelas regras dos cavaleiros, o Rei Artur não tinha outro recurso senão aceitar o desafio. Ele voltou para o castelo perplexo e pesaroso, porém seu bom amigo Sir Gawain prometeu ajudá-lo. Decidiram partir em várias direções diferentes e perguntar a cada homem e mulher que encontrassem a resposta para aquela pergunta. Todas as respostas eram escritas em livros que cada um levava, e rapidamente se acumularam. Algumas pessoas achavam que as mulheres desejavam roupas bonitas. Outras falavam em casamento, ser cortejada ou grande

luxo. E com isso se passaram 11 meses. O Rei Artur estava ficando desesperado, pois sabia em seu coração que ele e Gawain não tinham encontrado a resposta correta.

Decidiu buscar a sabedoria no coração da floresta de Inglewood, onde teve um encontro estranho e estressante com a mulher mais feia que ele jamais tinha visto. Ela era verdadeiramente hedionda — com um nariz cheio de ranho, uma boca com dentes quebrados e grande como a de um javali, olhos turvos saltados como bolas, uma corcunda, ombros largos como duas pedras, corpo como um grande barril, cabelos que pareciam um ninho de passarinho e seios que o autor descreve como uma carga de cavalo. Simplesmente não havia palavras suficientes para descrever como a sua aparência era repelente. Mas esta mulher horrorosa estava montada em um cavalo ricamente ajaezado, como o de uma princesa.

Com grande confiança, ela se apresentou como a Dama Ragnell. Sabia de cada detalhe da busca de Artur, e da sua morte certa se falhasse em dar a resposta correta sobre o que as mulheres verdadeiramente desejam. Ela desejava dizer a ele a resposta para que sua cabeça parasse de dar voltas. Mas em troca queria Sir Gawain, belo, gentil, galante, de moral impoluta e absolutamente

autêntico como esposo. O Rei Artur ficou horrorizado pelo amigo, mas concordou com a barganha e retornou com uma resposta.

Artur descreveu o seu estranho encontro a Gawain. Achando que seria melhor ele se matar do que dar ao seu amigo um destino tão terrível como o de se casar com a horrenda Dama Ragnell. Mas Gawain tinha o coração de um verdadeiro cavaleiro. Sabia que após quase um ano de busca, a resposta para "O que as mulheres desejam?" ainda não tinha surgido. O galante cavaleiro insistiu que poderia se casar com a bruxa para conseguir a resposta e salvar a vida do rei.

Em poucos dias o Rei Artur deveria se encontrar com Sir Gomer Somer. Ele teria que ter a resposta para aquela pergunta exasperadora ou certamente perderia a cabeça. No caminho para o encontro fatal com o seu destino, Dama Ragnell o esperava na floresta conforme tinha prometido. Quando soube que Sir Gawain a tomaria como esposa, ela respondeu a pergunta. Não é beleza, prazer, sexo ou vários maridos que as mulheres desejam, explicou. Queremos ser vistas como rejuvenescidas e jovens, como inocentes. E, mais do que isso, o que as mulheres realmente desejam é a soberania — queremos ter a mesma supremacia sobre nós e em nossos relacionamentos com os homens, assim como um cavaleiro tem em todos os campos da sua vida.

O Rei Artur dirigiu-se para o local do seu encontro com Sir Gomer Somer, que o esperava ansioso para ouvir a resposta errada e cortar a sua cabeça. O rei puxou os dois livros que ele e Gawain tinham copiado. Gomer riu e disse que o rei era um homem morto. Mas então Artur revelou que tinha a única resposta verdadeira: as mulheres desejam a soberania.

Sir Gomer Somer ficou enfurecido. "Você conversou com a minha irmã, aquela cadela nojenta da Ragnell! Ela lhe disse a verdade", disse confuso. E, zangado e desapontado, deixou Artur ir embora.

O rei voltou e logo encontrou a Dama Ragnell no caminho. Ela estava pronta para reivindicar o belo Gawain como prêmio. Artur e a megera foram para Camelot, e entraram na corte lado a lado. Ele estava envergonhado e humilhado por ser visto com uma criatura tão horrorosa, mas ela não tinha vergonha de ninguém. Todos na corte espichavam seus pescoços para ver aquela figura terrível com olhos remelentos e dentes desiguais, com os lábios caindo como massas informes sobre o queixo e sinais com pêlos grossos e pontudos. Gawain veio direto para recebê-los, e honrando a sua

palavra, confirmou o seu compromisso com a mulher mais feia da terra. A Rainha Guinevere e todas as outras damas da corte olharam para ela e choraram por Gawain. Os outros cavaleiros ficaram horrorizados com o fato de ele se casar com uma criatura tão horrível.

As senhoras da corte sugeriram um casamento simples e privado para a Dama Ragnell, para evitar o embaraço de tornar público um espetáculo dela mesma. Mas ela não ouviu. Quis se casar com uma missa solene e com toda a corte presente. Vestida com tecidos finos que fariam Guinevere se sentir envergonhada, ela foi a noiva. Após o casamento houve um grande banquete, e Dama Ragnell se sentou à cabeceira da mesa, devorando rudemente tudo que estava próximo como um porco no chiqueiro. Comeu como um exército inteiro, usando suas longas unhas para cortar a carne. A visão era tão terrível que ninguém conseguiu ficar perto dela.

Após a festa, noiva e noivo se retiraram para os seus aposentos para — o horror dos horrores — consumar a união. "Me beije, marido", pediu Ragnell a Gawain, tirando pedaços de carne dos cabelos e dos lábios grossos.

"Farei mais do que isso, minha esposa", prometeu Gawain. Mas quando ele se virou para tocá-la... ali estava a mulher mais bela que já vira.

"Quem é você?" perguntou ele atônito.

Dama Ragnell então contou a história de como sua madrasta tinha lançado uma maldição sobre ela. Ela era bela à noite e feia durante o dia. E deu a Gawain uma escolha. Se ele desejasse, ela poderia ser feia durante a noite e bela durante o dia quando os outros poderiam vê-la. Ou poderia ser feia para os outros durante o dia e bela para o marido na cama à noite. "Escolha o que for mais importante para a sua honra", disse ela.

Gawain pensou um instante e finalmente respondeu que não podia escolher. Era o corpo dela, a escolha era dela e de mais ninguém. E ele jurou isso diante de Deus.

Dama Ragnell respondeu que ele era o melhor e mais abençoado de todos os cavaleiros. Ao dar a ela a soberania, Gawain quebrara o encanto que a madrasta má tinha lançado sobre ela anos antes. Agora ela seria bela o tempo inteiro.

......

Mas este não é o fim da história. Gawain amou, honrou e cuidou de sua esposa; e juntos tiveram um filho que cresceu e se tornou um dos Cavaleiros da Távola Redonda. E, após cinco anos,

Dama Ragnell, a mais bonita mulher em toda a Bretanha, deixou seu marido. Para onde ela foi e o que fez é uma história que nunca foi contada. Mas quando temos a soberania sobre nós mesmas, estamos livres para seguir a orientação interior e criar uma vida que rompe com o padrão — mesmo que isso signifique que não vivamos o que as outras pessoas podem esperar como fim de um conto de fadas. ♥

22

A TRAMA QUE MANTÉM O MUNDO UNIDO

Estou sentada na frente do computador, neste dia em particular, trabalhando na descrição de um programa para um seminário sobre cura. É um daqueles dias difíceis nos quais me pergunto se tudo o que faço realmente faz alguma diferença no mundo. Estou cansada. Tenho viajado muito e me sinto esgotada. O pensamento bem familiar de que teria feito melhor se tivesse procurado só ganhar a vida do que fazer uma vida diferente perturba o meu coração. Talvez tivesse chegado a hora de empacotar minhas coisas e deixar que a próxima geração assuma. Talvez tenha chegado no alto da montanha e precisasse descansar. Tenho amigas que conseguem ter uma boa vida lidando com bens imóveis. Uma terceira carreira talvez fosse a saída. Inquieta e me sentindo desconfortável, decidi verificar a minha caixa de mensagens, um dos pequenos rituais leves da vida.

Como várias outras mulheres, conferi a parte pessoal antes da parte dos negócios. Você nunca pode prever os pequenos presentes que podem ser transmitidos pelos meios eletrônicos. Neste dia havia um tesouro. Therese Schroeder-Sheker, amiga e colega, dedicara um tempo na sua vida agitada para me enviar uma história sobre uma mulher que aparecera em um dos seminários sobre música prescritiva e cura. Há vários anos eu tinha realizado um workshop na mesma cidade, e a mesma mulher aparecera. Chamei o trabalho de Therese de parteira de almas dos que estão morrendo, e coloquei para tocar uma bela audição da sua harpa e música vocal.

O álbum de Therese, *Rosa Mystica*, é uma seleção de música sagrada medieval para o Feminino Divino. É o meu CD favorito. Por anos, primeiro no ambiente do hospital e agora na clínica particular e no Instituto,[1] Therese tem treinado meticulosamente pessoas na arte e ciência do trabalho com pacientes moribundos. Seus estudos bem alicerçados revelam que a música prescritiva, escolhida com base no estado fisiológico do paciente, pode aliviar a dor de modo significativo e acalmar suas mentes. Nos momentos finais pode ajudá-los a ter uma morte pacífica.

A mulher que fora ao meu workshop saíra direto para comprar um exemplar da *Rosa Mystica*. Disse a Therese que a ida ao meu workshop marcara uma virada em sua vida junto com o conhecimento do trabalho de Therese. Encorajada com o que aprendera conosco, ela conseguira enfrentar suas feridas do passado e convertera a dor em sabedoria e crescimento. Juntas, sem sabermos, tínhamos feito a diferença na vida daquela mulher. Que trama nós tecêramos, interdependente de tantas maneiras que nunca soubemos. Respondi ao e-mail de Therese:

> "Obrigada por me lembrar de que nós fazemos a diferença. É tão fácil desistir na estrada, no computador, atendendo a tantos detalhes que algumas vezes parecem esmagadores. E esse negócio de desistir é sério. Houve momentos que pensei em empacotar as minhas coisas e ir trabalhar em meio expediente em algum lugar. Minha alma pesava como chumbo. A parte boa é que o sofrimento costumava ser uma abertura para um lugar mais profundo. Mas a um preço alto. E se não fosse pelas boas amigas, eu me perguntava se conseguiria superar estes momentos pesados... Como é precioso se-

gurar o espelho uma para a outra e dizer: 'Sinta a verdade. Por trás do lado mau da vida e da personalidade que podem às vezes lhe afundar está a Essência Verdadeira que é você. Ela é realmente muito bonita. Você é um presente de pura graça. Um portal para a Divina Presença.' E você é isso, cara irmã."

Therese me respondeu mais tarde naquele dia:

"Querida Joan, meu Deus, isto é como uma transfusão no coração. Obrigada por me contar sobre os seus momentos, também, da dúvida se deveria desistir. Isto me ajudou muito. Com freqüência me pergunto se todos aprenderam a brilhar apesar dos elementos de entorpecimento e impedimentos... e saber que você, também, (e talvez todas nós) sofremos muito, ficamos enfraquecidas, desistimos... embora perseverássemos... este foi um grande presente que você me deu... Você é muito querida. Obrigada por tudo e que Deus a abençoe... que os seres sagrados e invisíveis a atendam de modo especial, como uma chuva de ouro alquímico... dia e noite... na vigília e no sono, na escrita e no ensino, no silêncio e entre os amigos."

Guardei o e-mail de Therese nos arquivos de tesouros especiais no computador, depois o imprimi e reli. Ele tocou o meu coração. Dizer a verdade uma para a outra trouxe um grande alívio. Podia sentir os meus ombros relaxando à medida que me permiti sentir a minha imperfeição e o todo que existe como uma pérola logo abaixo da superfície. Reli novamente a sua bênção:

Que os seres sagrados e invisíveis a atendam de modo especial,
como uma chuva de ouro alquímico, dia e noite,
na vigília e no sono, na escrita e no ensino,
no silêncio entre os amigos.

A bênção generosa da minha amiga não perdeu o seu calor através do modo eletrônico em que foi transmitida. Foi também uma infusão no coração que refez o tecido rasgado da minha fé no mistério contínuo da vida. Eu a imprimi e pendurei acima do computador, onde o seu calor especial aquece a minha alma e me lembra que faço a diferença neste mundo. Posso olhar para a bênção e sorrir, respirando naquele lugar onde me sinto novamente inteira.

As mulheres refazem a trama do mundo diariamente, uma forma de conserto invisível. Quando os tempos são difíceis para amigos, familiares, na vizinhança e durante os períodos de reviravoltas culturais, a rede de mulheres funciona como uma cola mantendo as partes unidas. A questão a respeito da cola é que ela é invisível, fazendo o trabalho sem chamar a atenção para si. Você não sabe que ela está ali, mas sem essa capacidade de unir e de curar, a sociedade se desmoronaria em pedaços.

Minha amiga Oriah Mountain Dreamer escreveu vários livros, que cantam com uma beleza lírica e com a verdade nascida do seu próprio compromisso contínuo de permanecer presente, que mantêm o seu coração aberto por meio da atenção à sua vida interior, mesmo quando tudo fica pior e a vida continua estressada. Em *O convite,* ela escreve sobre a falta de importância de quem somos ou de quanto dinheiro temos. O que a interessa, escreveu no poema introdutório que circulou com a velocidade da luz na Internet — de mulher para mulher — é "Se você consegue levantar, após uma noite de tristeza e desespero, cansada e machucada até o âmago, e faz o que é necessário fazer para alimentar os filhos".[2] As mulheres têm feito isso desde o início dos tempos. Fazemos pelos filhos, fazemos pelos homens e fazemos uma para a outra.

Visitar os doentes, levar comida para uma família angustiada que perdeu um ser amado, cuidar dos filhos e dos netos, deixar de sair para cuidar de um genitor que está morrendo, organizando um ritual improvisado para lembrar os jovens que foram mortos nas ruas da sua comunidade — são atos não celebrados,

embora vitais, que as mulheres realizam. Estes atos não ficam registrados nos livros de história, mas sem eles o mundo seria um corpo sem coração.

Uma das minhas citações favoritas da Madre Teresa é: "Podemos não fazer grandes coisas", disse ela, "somente pequenas, mas com grande amor". No fim do dia, o valor daquilo que realizamos muito provavelmente estará no reino invisível daquelas pequenas coisas. Ao fazê-los, o amor se torna visível, e o coração do mundo continua a bater. ♥

23

BÊNÇÃO MATUTINA

Cada dia é um novo dia, uma oportunidade preciosa para viver de coração aberto e mente aberta. Hoje você poderá fazer da sua vida uma alegria e uma bênção. É o único tempo de que você dispõe. Ontem já passou e o amanhã é somente um sonho. Muitas pessoas têm o hábito de iniciar os seus dias com um período de oração e inspiração. Não importa se você dedica cinco minutos ou uma hora para isso, um ritual matutino celebra o dom da vida e ajuda a nos manter centradas durante todo o nosso dia repleto de tarefas. Até uma prece rápida transmite a fragrância da sua alma para um mundo que precisa dela. É um presente doce e forte de paz que se espalha de você para todos os seres.

Aprendi a oração matutina abaixo com minha querida amiga Hong, uma das mulheres mais ocupadas que conheço. Sua essência é pura luz e gentileza, embora trabalhe incansavelmente em uma grande arena no mundo dos homens. Sempre que inicio uma conferência com esta oração, pessoas de todos os caminhos da vida se sentem tocadas pelas palavras, que transcendem todas as fronteiras e nos unem em uma só, no coração sagrado da vida. Se gostar, você poderá unir suas mãos na altura do coração e se inclinar para a Divina Presença que está em toda parte, em todas as coisas e em todas as pessoas, enquanto recita esta bela oração. Talvez você queira acender uma vela, pois a sua oração é um ato de beleza que amplia a luz do mundo.

Nesta manhã eu agradeço a mãe terra, o pai céu
E a força de vida em toda a sua criação

Nesta manhã eu agradeço aos meus irmãos e irmãs
Aqui e em toda a criação

Nesta manhã agradeço ao mundo visível em toda a sua beleza
O mundo não visto em seu mistério
E os ciclos da criação e dissolução

| Joan Borysenko, Ph.D. |

Nesta manhã agradeço ao alento que me anima
A compaixão que me sustenta
E o amor em meu coração

Esta é uma oração
Para a liberdade de todos os seres. 

Posfácio

IRMÃS NA JORNADA

Gostaria que pudéssemos nos sentar juntas para falar sobre as nossas vidas muito ocupadas saboreando uma xícara de chá. Você me contaria sobre os seus desafios e inspirações — nos momentos em que se sentiu acabada e como você conseguiu levantar outra vez — e eu lhe falaria sobre mim. Encorajadas pelo nosso partilhar, ficaríamos animadas e riríamos sobre alguns momentos em que esquecemos o melhor de nós. Relembrando as épocas em que voltamos para o nosso centro, enriqueceríamos a conversa. No calor da companhia uma da outra, nossos corações se abririam.

Seria um mau dia para a maquiagem, pois nossos olhos transbordariam de lágrimas de tristeza e também de alegria. A vida é mesmo uma confusão, cheia de dor e graça. Estas duas faces da experiência humana são os dois lados da moeda da sabedoria. Portanto, ao olhar no fundo dos olhos uma da outra, compreenderíamos que seguramos a sabedoria em nossas mãos. O que temos que procurar? As respostas já estão conosco. Nossas feições ficariam suavizadas à medida que relaxássemos e soltássemos nossos ombros e abdômen. Como fazem as mulheres desde o início dos tempos, reconheceríamos a nós mesmas em nossas respectivas histórias. Seria um alimento para o coração. Isso nos daria a coragem de que precisamos para confiar no Mistério enquanto faríamos a melhor escolha que pudéssemos em meio às nossas vidas muito atarefadas um dia a cada vez.

Minha esperança é que este livro tenha sido um alimento tanto para o seu coração quanto para a sua mente. E, embora não tenhamos tido a chance de saborearmos juntas uma xícara de chá, talvez você faça isso com uma amiga ou um grupo de amigas enquanto falam sobre suas vidas e algumas das coisas que leram nestas páginas. Por vários anos fiz parte de um grupo de mulheres que se reunia para discutir sobre a verdade de nossas vidas no tipo de contexto que eu tentei criar para você neste livro. Aquelas mulheres foram a minha salvação — foram minhas irmãs na jornada, nos bons e maus momentos.

É fácil dar início a um grupo de mulheres. Se você tem somente uma amiga, ela poderá provavelmente sugerir uma outra

mulher ou duas que gostariam de se juntar a vocês. Essas mulheres poderiam trazer amigas, e um grupo de seis ou oito poderá começar a se encontrar semanalmente, mensalmente ou no intervalo que seja confortável para vocês. Sei que já são ocupadas agora, ou não teriam escolhido este livro para ler. Mas encontrar-se regularmente com um grupo de mulheres preocupadas em equilibrar trabalho e família com suas vidas interiores é uma maneira excelente para se centralizar. Afinal, este é o modo de ser da mulher.

Lembre-se, ao se sentar para partilhar suas histórias, de que você tem dois pares de olhos. Você pode observar a sua vida — nos pontos que são difíceis ou que estão fora de equilíbrio, ou onde tomou o desvio errado no caminho — com os olhos da tristeza. Se permitir, estes olhos jamais deixarão de chorar. Mas se, após ter chorado um pouco, você soltar a fantasia de que a vida deveria ser perfeita, então poderá começar a ver através dos olhos da graça. Estes olhos vêem que cada experiência contém as sementes da sabedoria... e sabem que onde quer que você esteja é o lugar perfeito para despertar e voltar para casa, para você mesma.

Notas Finais

Prefácio

1. A minha carta mensal está disponível no meu website www.joanborysenko.com, onde as anteriores estão também arquivadas. Se você fizer uma assinatura, eu lhe enviarei uma nota mensal com um link para a carta. Os artigos e as dicas para manter um coração pacificado em um mundo atropelado e cuidar da sua vida interior; uma lista dos meus livros e fita para meditação (inclusive uma lista *on-line* de onde poderá solicitá-las); e um calendário dos meus workshops, conferências e retiros também fazem parte do website.
2. A expressão *fome do tempo* surgiu da mente fértil de Allison Pearson, em seu livro maravilhoso *Não sei como ela consegue*. Seu modo de dizer a verdade inspirou o meu.

3. Pegando leve

1. Você pode encontrar a canção "Lighten Up" no CD de Karen Drucker, *Beloved*, produzido por Tay Toones Music, BMI, 2002. Poderá pedi-lo, ou qualquer outro CD de Karen, em seu website: www.karendrucker.com

4. Colocando Limites: Sobre a Irmã Confusa e a Fada Madrinha

1. Cathi Hanauer, editora, *The Bitch in the House*, William Morrow, Nova York, 2002, p.162.

7. Mulheres e Estresse: Como Cuidamos e Auxiliamos

1. Shelley Taylor, *The Tending Instinct, Times Books*, Nova York, 2002, p.25.

10. Fazendo e Agindo: Como Tornar o Amor Visível

1. David Richo, *How to Be an Adult in Relationships*, Shambala, Boston and London, 2002, p.1.

11. Achados e Perdidos

1. Elizabeth Berg, *The Pull of the Moon*, Jove Books, 1997, pp.12-13.
2. Ibid, p.7.

12. Atenção: as Luzes Estão Acesas e tem Alguém em Casa

1. Jon Kabat-Zinn, de "About the Series", *Guided Mindfulness Meditation* CDs e fitas www.mindfulnesstapes.com. (Você pode solicitar estes produtos *on-line* para ajudá-la a estabelecer e manter a prática da atenção em sua vida muito ocupada.)

16. Entrando em Colapso?

1. Burmout Prevention and Recovery. Website: http://web.mit.edu/afs/athena.mit.edu/user/w/c/wchuang/News/college/ MIT-views.html

2. Li originalmente este material na Internet, em Cone, W, *Beating Burnout*, Health Science Seminars, 1999. Website: http://www.healthscienceseminars.com/HSC/burnout.html. Infelizmente, este site não pode mais ser acessado.

17. Você Realmente Precisa Daquele Lagarto? Criando a Liberdade Financeira

1. Estas, e várias outras estatísticas citadas neste capítulo, são da Financial Freedom, patrocinada pela C.O.E., Inc. Você pode acessar as informações valiosas que eles dispõem em tópicos que vão de orçamento, eliminando débitos, educando seus filhos sobre assuntos financeiros, doações de caridade e tomar decisão sadias sobre as compras grandes como casas e automóveis em seu website: www.coeinc.org.
2. "Spend Less, Live Better: Author Vicki Robin Tells How She Lives on $9,000 a Year". Website: http://abcnews.go.com/ABC2000/abc2000living/Robin_chat-transcript.html

20. Casamentos para Homens e Mulheres: o que Está Desagradando as Mulheres?

1. John M. Gottman, Ph.D., e Nan Silver, *The Seven Principles for Making Marriage Work*, Sete Princípios para o Casamento Dar Certo, (Objetiva, 2000), Three Rivers Press, Nova York, 1999, p.31.
2. Susan Maushart, *Wifework*, Bloomsbury, Nova York and London, 2001, p.10.
3. O conceito de marido como voluntário é outro que Maushart discute em *Wifework*.
4. Maushart, *Wifework*, p.13.

22. A Trama que Mantém o Mundo Unido

1. Você pode obter informações sobre Therese Schroeder-Sheker e seu programa entrando em contato com ela em: Vox Clamantis Institute and Clinic, P.O. Box 169, Mt. Angel, OR 97362.
2. Oriah Mountain Dreamer, *The Invitation* (O convite, Objetiva, 2000), Harper San Francisco, 1999, p.2.

Este livro foi composto na tipologia Agaramond,
em corpo 11,5/16,5 e impresso em papel
off-white 80g/m² no Sistema Cameron da
Divisão Gráfica da Distribuidora Record.